"나는 JP모건을 버리고 트럭 비즈니스의 판을 바꾸고 있습니다!"

나는 게임체인저다

KB193133

"나는 JP모건을 버리고 트럭 비즈니스의 판을 바꾸고 있습니다!"

나는 게임체인저다

초판 1쇄 인쇄 2025년 3월 17일
초판 1쇄 발행 2025년 3월 30일

지은이 정혜인

발행인 백유미 조영석
발행처 (주)라온아시아
주소 서울특별시 서초구 방배로 스파크플러스 3F

등록 2016년 7월 5일 제 2016-000141호
전화 070-7600-8230   **팩스** 070-4754-2473

값 19,500원
ISBN 979-11-6958-167-7 (13320)

라온북은 독자 여러분의 소중한 원고를 기다리고 있습니다. (raonbook@raonasia.co.kr)

나는 START UP!!
게임체인저다!!

"나는 JP모건을 버리고 트럭 비즈니스의 판을 바꾸고 있습니다!"

& GAME
CHANGER!

플랫폼
스타트업의
창업, 조직관리,
투자유치
노하우

정혜인 지음

투명하게, 공정하게, 합리적인 가격으로!

국내 트럭 거래 플랫폼의 넘버 원 스타트업
아이트럭 정혜인 대표의
스타트업 경영 노하우와 미래 인사이트

RAON
BOOK

RAON
BOOK

두려워도 한 걸음 : 창업, 왜 이 길을 선택하는가?

"대체 왜 그렇게까지 열정을 쏟으며 일하는 거야?"

"도대체 무슨 마음으로 창업을 결심한 거야?"

대학을 졸업하고 20년 이상 쉬지 않고 달려왔다. 두 아이의 엄마로서 그리고 한 회사의 대표로서의 여정이 쉽지만은 않았지만, 때때로 성취감을 느낄 때면 내가 살아있다는 기분이 들었다. 창업을 결심하기 전, 그리고 결심하는 그 순간에도 수많은 감정을 마주하며 고민했다.

설렘과 두려움, 기대와 걱정, 희망과 불안이 교차하는 그 길 위에서, 당신은 어떤 생각을 하고 있는가? 지금 내가 가고 있는 길이 옳은지, 릴레이의 끝은 어떨지 고민하고 있다면, 그건 너무나 자연스러운 일이다. 나 역시 그랬고, 지금도 여전히 고민하며 앞으로 나아가고 있다.

대학을 졸업하고서부터 '열심히 사는 것'이란 무엇이고, '내가 원하는 삶'이 무엇인지 고민했다. 부모님께 그리고 선생님께 "열심히 공부해라, 무엇이든 최선을 다해라"라는 말을 귀에 못이 박히도록 들었지만, 그 의미에 대해 제대로 고민해 본 적이 없었다. '열심히 산다'라는 건 무엇일까? 단순히 매일 똑같은 일을 반복하고 많은 시간을 투자만 하는 것이 열심히 사는 것일까? 내가 정의하는 '내가 원하는 삶'은 내가 하는 일에 의미를 부여하고, 그 가치를 스스로 만들어가는 과정이다. 진심을 다해 일을 해내고 그 과정에서 얻는 성취감과, 과정을 함께하는 사람들은 내 인생을 더욱 풍요롭게 만들어준다. 창업도 마찬가지다. 창업의 본질은 단순히 부를 쌓는 것이 아니라, 세상의 문제를 깊이 들여다보고 진심으로 고민하며 이를 해결함으로써 가치를 창출하는 데 있다고 생각한다.

이 책을 쓰면서 나는 다시 한번 나의 초심과 내가 일하는 이유에 대해 돌아보게 되었다. 처음 가벼운 마음으로 사업을 시작했을 땐, 불균형한 시장에서 누군가에게 작은 도움이 될 수 있기를 바라는 마음이었다. 비즈니스를 고도화하고 확장하는 과정에서 많은 어려움과 뼈를 깎는 듯한 고통이 있었지만, 그 길을 걸으면서 만난 많은 사람들 덕분에 여기까지 올 수 있었다. 창업을 고민하는 분들, 그리고 이미 창업을 시작한 분들에게 이 책이 작은 힘이 되기를 바란다. 그리고 내가 겪었던 그 고통들이 공유되어 당신에게 해결책의 실마리가 되기를 바란다. 당신이 힘들고 지칠 때 당신에게 위로가 될 수 있는 책이었으면 좋겠다. 때로는 실패할 수도 있고, 믿었던 누군가에게 배신을 당해 인간에 대한 회의가 들 수도 있으며, 생각지도 못한 어려움이 닥칠 수도 있다. 하지만 포기하지 않고 다시 도전할 수 있는 용기가 있다면, 그리고 그 문제를 해결할 수 있는 뚝심이 있다면 당신은 이미 성공한 사람이고, 그 자체로 충분히 의미 있는 삶을 살고 있다.

끝으로 이 책이 여러분에게 지금보다 한 걸음 더 나아갈 수 있는 힘이 되기를 바란다. 도전정신과 열정으로 세상을 바꿀 준비가 되어있는 당신에게, '내가 왜 이 일을 하는가'에 대한 사명감과 창업을 하는 것에 어떤 책임이 따르고 앞으로의 여정에 대해 어떤 마음의 준비가 필요한지에 대한 가이드가 되어 주기를 바란다. 그리고 언젠가 나와 같은 게임체인저로서 우리와 같은 길을 걸어가는 그 누군가에게 여러분의 이야기가 전해지기를 바란다.

정혜인

─────────○ **Chapter 1** ○─────────

왜 나는 게임체인저가 되었나?

Chapter 2

나는 화물트럭 비즈니스판의
게임체인저다

Chapter 5

(HOW TO) BE YOURSELF
: 인생의 주인공으로 사는 법

왜 나는
게임체인저가 되었나?

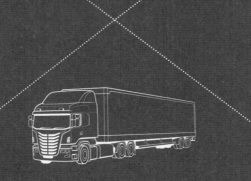

게임체인저 DNA
: 도전, 용기, 배움

어릴 때 부모님이 자주 들려주시던 이야기가 있다. 고대 그리스 철학자 디오게네스에 관한 이야기다. 물질적인 소유를 중요하게 여기지 않고, 지혜와 배움만이 진정한 자산이라고 믿었던 사람이다. 전쟁으로 도시가 혼란에 빠졌을 때, 모든 사람들이 집안의 금은보화와 값진 물건들을 챙기느라 허둥대고 있었다. 그 와중에 디오게네스는 손에 아무것도 들지 않은 채 여유롭게 걸어갔다. 사람들이 물었다.

"왜 아무것도 안 챙기고 그냥 가십니까? 모든 것을 잃게 될 텐데 불안하지 않으세요?"

디오게네스는 이렇게 답했다고 한다.

"내가 가진 가장 소중한 것은 내 안에 있습니다. 내 지혜와 배움은 그 어떤 적도 빼앗아 갈 수 없지요."

이 이야기를 들을 때마다 나는 어릴 때 부모님이 항상 하시던 말씀이 떠오른다.

"진짜 부자는 돈이나 물건을 가진 사람이 아니라, 지혜와 배움을 가진 사람이란다."

우리 가족은 매년 12월 31일, 제야의 종소리를 들으며 한 해를 돌아보고 새해 목표를 세우는 시간을 가졌다. 부모님은 항상 물으셨다.

"올해는 어떤 것을 배우고 싶니? 무엇에 도전하고 싶니?"

그때마다 나는 새롭게 배워보고 싶은 것들을 떠올리곤 했다. 피아노, 미술, 바둑 대회…, 무엇을 말하든 부모님은 늘 지지해 주셨다.

"배워서 남 주는 게 아니야. 네 머릿속에 쌓이는 지식과 경험은 누구도 너에게서 뺏어갈 수 없으니까."

이 말은 단순한 응원이 아니라, 나의 배움과 도전에 대한 진정성을 요구하는 말씀이기도 했다. 부모님은 늘 과정에 집중하게 하셨다.

"왜 이걸 배우고 싶니? 목표를 이루기 위해 얼마나 노력했니? 진심으로 최선을 다했니?"

덕분에 나는 어릴 때부터 스스로 생각하고 계획하며 배우는 힘을 길렀다. 새로운 것을 배우고 도전하는 과정 자체가 즐거웠다. 왜냐면 그것은 강요된 일이 아니라 내가 선택한 목표였고, 무엇보다도 그것이 나만의 경쟁력을 쌓아가는 길이라는 것을 알았기 때문이다. 디오게네스가 "지혜와 배움은 빼앗길 수 없는 자산이다"라고 말했던 것처럼, 나는 부모님의 가르침을 통해 어릴 때부터 나만의 자산을 쌓아갈 수 있었다. 그리고 그 모든 경험은 내가 게임 체인저로 성장할 수 있는 밑거름이 되었다.

중학교 시절, 1997년 어느 날, 어머니께서 정성껏 빨아주신 실내화를 가방에 넣었다고 생각했지만, 깜빡 잊고 학교에 가져가지 않았다. 주임 선생님께서는 신발을 벗으라고 하셨고, 나는 양말만 신고 복도를 걷다가 방금 청소를 마친 축축한 바닥을 밟고 다시 신발을 신었다. 그 순간 선생님께 걸려 또 혼이 났다. 선생님께서는 나의 행동을 보고 화가 나서서 "네 부모는 널 그렇게밖에 못 키웠냐…"라고 말씀하셨고 나는 그 말에 가만히 있을 수 없었다. 도덕 시간에 배웠던 인격 모독이 생각났고, 제가 잘못한 건 인정하고 사과할 수 있지만, 부모님을 욕하는 것은 참을 수 없다며 선생님께 대들었고, 어머니가 학교로 부름을 받으셨다. 어머니께서는 가정주부로서 이런 상황이 처음이어서 나한테 피해가 갈까 봐 그날 교장실에서 계속해서 고개를 숙이며 죄송하다고 말씀하시고, 그 모습을 보니 가슴이 아팠다. 나는 다시 한번 나의 잘못을 공개적으로 인정했다. 실내화를 가져오지 않은 것, 규칙을 어긴 것, 다시 신발을 신은 것 모두 나의 책임이었다. 그러나 선생님께 부모님을 언급하며 비난하신 것은 부당하다고 말씀드리며 나의 행동과 부모님의 가정교육은 직접적인 연관이 없으며, 나의 행동으로 인해 부모님을 모욕하는 것은 잘못이라고 나의 의견을 표명했다.

그 이후로 선생님은 내 앞에서 적어도 나의 가족 이야기를 꺼내지는 않으셨다. 이러한 경험은 나의 기본기를 단단히 다져주었고, 오늘날에도 사건을 논리적이고 객관적으로 판단하려는 노력을 지속하게 만들었다.

1997년 당시 학교의 엄격한 분위기 속에서, 어른께 감히 대들거나 자신의 의견을 표명하는 것은 용납되지 않았던 시절이었다. 그럼에도 불구하고, 나는 잘못된 것은 잘못되었다고 말해야 한다고 믿었다. '원래 그런 거야'라는 고정관념을 거부하며, 이러한 신념이 나를 게임체인저로 이끌었다.

캐나다에서 대학교를 다니던 시절에도 한국어, 영어 이외의 제2외국어를 배우면 도움이 되지 않을까, 나만의 특별한 차별화를 가져올 수 있겠다는 생각을 했었다. 유학생들도 많이 늘어나던 시절이라 영어 말고 다른 언어를 하나 더 할 수 있다면 나에게 더 경쟁력이 생기지 않을까 하는 포석이었다. 일본어 수업을 들으면서 문득 일본에 교환학생을 가고 싶다는 생각을 했고 이를 실행에 옮기기 시작했다. 담당 카운슬러를 만나서 교환학생을 가려면 거쳐야 할 절차와 필요한 학점, 서류에 대해 안내를 받고 일 년 정도 준비를 했다. 같은 대학에 다니는 일본 친구들, 그리고 이미 교환학생을 다녀온 선배들에게 각 대학의 특성과 위치 등 조언도 틈틈이 구했다. 준비하는 과정에서도 새로운 지식을 습득하고 일본에 대해서 호기심이 생기면서 더 열심히 준비할 동기가 되었다. 교환학생으로 선발되어 일본에 갔을 때도 검도 서클, 국제 교류 서클 등 많은 활동을 하면서 일본의 문화와 언어를 습득하고, 평생 나와 함께할 좋은 친구들도 사귀었다. "언어를 잘 활용하는 것은 세상을 더 깊이 이해할 수 있는 중요한 역할을 한다. 그로 인해 더 인생에서 선택할 수 있는 기회도 더욱 풍부해진다."라는 아버지의 말씀은 아직도 마음에 새기고 있다.

도전해서 얻을 수 있는 최고의 선물은 사람이 남는다는 것이라고 생각한다. 내가 일본에서 힘든 일이 있을 때, 언어나 문화 차이로 어려운 일을 당할 때마다 옆에서 도와주는 친구들이 없었다면 과연 그 시간을 이겨낼 수 있었을까? 내가 도전을 하고 결과가 좋을 때마다 운이 좋다고 생각을 하는데, 그건 다 나를 도와주는 사람들 때문이라고 생각한다. 내가 난관에 부딪혔을 때 옆에서 손을 내밀어 주고 격려해 주는 사람들은 나의 도전을 더 가치 있고, 풍요롭고, 인생을 행복하게 만들어주는 원동력이다.

어릴 적 경험들이 항상 긍정적이지만은 않았다. 나는 최선을 다했지만, 피아노 콩쿠르에 나가서 예선 통과도 못 했던 경험도 있었고, 기대를 많이 하고 열심히 연습했던 바둑 대회에 나가서 목표했던 성적에 미치지 못했던 경험도 있었다. 지금 생각해 보면 이런 실패들이 쌓여서 조금 더 성숙한 나를 만들어주지 않았을까 하고 생각한다. 엔비디아(NVIDIA)의 대표이사인 젠슨 황 (Jensen Huang)은 위대함은 종종 좌절과 고통을 겪으면서 형성되는 성격에서 비롯된다고 말한다. 그는 기대치가 높은 개인은 회복탄력성이 낮을 수 있으므로 도전에 직면할 때에는 그에 필요한 강인함을 키우라고 제안했다. 나는 이 말에 절대적으로 동의한다. 이런 좌절을 맛본 경험들을 바탕으로 나는 사업을 할 때 결과가 만족스럽지 않더라도 그건 다 내 경험이고 배움이라 생각하면서 포기하지 않는다. 다음의 좋은 결실을 위한 경험이고 더 단단하고 나은 내가 되기 위한 과정이라 믿으며 프로젝트가 성공할 때까지, 또는 목표에 도달할 때까지 파고든다. 현재 복잡한 정치적인 이슈들과, 경제 불황, 그리고 4차 산업혁명의 격변 속에서 나는 트럭거래의 게임체인저로서 계속 도전하고 있으며, 어린 시절의 경험들을 토대로 자신감과 끈기를 갖고 한계점을 두지 않고 아이트럭이 성공할 때까지 나의 스토리는 끝나지 않을 것이다.

"I am sorry"에서
나만의 정면돌파로

 밴쿠버. 지금은 한국에서도 많이 알려진 도시지만, 그 당시 나에게는 정말 낯선 곳이었다.

 1999년 5월. 나는 두려웠지만 설렘을 가득 앉고 캐나다 밴쿠버행의 비행기에 몸을 실었다. "더 넓게 세상을 살아라."라고 말씀하시는 부모님의 말씀을 그때는 잘 알지도 못한 채, 들뜬 마음으로 내 앞에 어떤 일들이 닥칠지 생각도 못 한 채 그렇게 나의 14살의 여행이 시작됐다.

 밴쿠버에 도착해서 아빠와 함께였던 그 첫 주는 여행처럼 즐거웠다. 하지만 일주일이 지나고 아빠가 돌아가셔야 한다는 말을 들었을 때, 나는 그제야 여행이 아니라는 것을 깨달았다. 공항에서 체크인 시간이 다가오고, 아빠가 떠난다고 하셨을 때, 이유 모를 슬픔과 두려움이 밀려왔다. 5살 때 아빠가 내가 갖고 싶어 했던 바비인형을 사주겠다며 몇 년간 곰에 가셨던 기억이 떠올랐다. 그때의 외로움, 어머니와 둘이 살았던 그 시절이 너무 슬펐다. 주변 사람들의 시선에 나는 이산가족처럼 보였을지도 모른다. 엄마와 아빠는 나를 챙기며, "곧 다시 올 거니까 걱정하지 마"라고 하셨지만, 그때는 그 상황을 이해할 수 없었다. 공항에서의 그 순간, 나는 여행이 아니라 진짜 이별이라는 것을 깨달았다.

처음 학교에 방문했을 때 나 자신은 너무 초라해 보이고 위축되어 있었다. 작은 키와 동양인 외모, 영어를 못하는 나는 항상 주변에서 지켜보는 눈치에 이유 없이 두렵고 불안했다. 서울에서는 항상 주위에 친구들도 많았고, 활달한 성격이었기 때문에 캐나다에서의 외로움은 더 크게 다가왔다. 수업에서 영어를 못하는 유학생들의 자리는 항상 제일 마지막 줄이었다. 선생님이 질문을 할까 봐 조마조마하며 고개도 잘 들지 못했다. 1999년도만 해도 유학생이 별로 없던 시절이었고, 영어를 잘 못해서 "I am sorry!"라는 말을 입에 붙이고 살았다.

많은 수업들 중에서도 체육 시간은 나에게 곤욕이었다. 하필 내가 학교에 가기 시작한 주부터는 배구를 하는 시간이 이어졌는데, 난 운동 중에 특히나 배구를 더 못했다. 체육 시간에는 항상 긴장 상태였고, 나는 배구를 할 때마다 폐가 터지는 것처럼 느껴졌다. 첫날부터 역시나 배구를 너무 못해서 팀에 민폐를 끼치고 영어로 대화까지 할 수 없었던 나는 그 당시 여자아이들을 선동하는 한 여자아이의 타깃이 되었고, 꼭 파트너나 팀이 있어야 수업에 임할 수 있던 나에게 어느샌가 체육 시간은 배가 아프다며 뒷전에서 쉬거나 아니면 화장실에서 눈물을 애써 닦는 시간이 되었다. 화장실에 앉아 있을 때면 가족들이 너무 보고 싶었고 한국에 있는 친구들도 너무 보고 싶었다. 날 이곳에 버려둔 것 같은 부모님도 밉기 시작했고, 세심하게 케어해 주지 않는 것 같은, 나와 대화도 통하지 않는 선생님이 애석하기만 했다.

상황을 회피하며 화장실과 뒷전에 있는 벤치에서 시간을 보낸 지 2주가 되던 어느 날, 그날은 눈물도 나지 않고 갑자기 화가 나기 시작했다. 체육을 못한다는 이유만으로 날 팀에서 제외하는 분위기를 조장한 친구에게도 화가 났고, 아무것도 하지 않고 선생님 탓만 하는 나 자신에게도 너무 화가 났다. 그때 생각했다.

'내가 캐나다까지 와서 원하는 게 과연 화장실에 앉아서 울고 있는 일인가? 내가 지금 하고 싶은 건 뭐지? 그래 일단 친구들과 어울려서 배구를 하는 거지!'

사실 반은 홧김이었다. 화장실에서 뛰쳐나와서 선생님께 달려갔다. 달려가서 되지도 않는 영어 단어 몇 개와 몸짓으로 나도 팀에 참가할 테니 선생님이 내 파트너와 팀 정하는 걸 도와 달라고 표현했고, 바로 배구 게임에 투입됐다.

역시나 나는 계속 공을 잘 받지 못했고 나 때문에 계속 점수를 내주게 되었다. 두 점 정도를 내주었을까, 그룹에 있던 한 친구가 영어로 뭐라 말하더니 친구들과 나를 쳐다보며 눈치를 주기 시작했고, 그때는 내가 영어를 알아듣지 못했지만, 느낌상으론 분명 대놓고 나를 욕하는 것 같았다. 게임 중에 계속 참고 있다가 탈의실에 들어간 후 나는 판단을 바꿨다. 여기는 캐나다고 영어가 메인이지만 아무리 언어가 안 돼도 사람은 얼굴 표정, 제스처로 충분한 기본 소통이 된다는 걸 방금 선생님과의 소통에서 느낄 수 있었다. 나는 생각을 전환해서 한국말로 이야기를 시작했다. 지금 생각해 보면 내 마음속에 있던 자존심이 폭발했던 것 같다.

"그래, 나 배구 못해. 근데 뭐? 좀 못하면 어때? 너 지금 영어 잘한다고 나한테 이러는 거야? 웃기고 있네. 나는 너보다 한국말 더 잘해! 너 한국말 한마디라도 할 수 있어? 너 이런다고 나 절대 안 질거야! 너, 그리고 앞으로 내 앞에서 한 번만 더 내 눈 쳐다봐. 너 가만 안 둬!"

그때 영어로 할 수 있는 욕은 두 마디였는데, 그 욕까지 퍼부은 후(근데 아마 그때 내 발음이 안 좋아서 그게 영어라고 생각을 못 했을 수도 있었겠다) 3분 정도 쉬지 않고 쏘아대며 배구공까지 옆에 던져버렸다. 그녀와 친구들은 옷을 갈아입다가 너무 놀라서 한마디도 하지 못하고 멍하니 날 바라보았고, 나는 혼자서 분이 풀릴 때까지 눈물을 글썽거리며 소리를 지르다가 옷을 갈아입는 것도 까먹은 채 뒤돌아서 나와 버렸다.

정말 신기한 일이었다. 뭔가 내 안에 있는 화를 분출해서였을까, 그다음 체육 시간부터는 두려움이 사라지고 내 마음에 있던 압박감과 부담감도 홀가분해졌다. 어린 마음에 막나가자는 생각이었을까. 그때 내 마음은 '그래, 체육을 못하는 것도 내 일부분이니 그냥 받아들이고 당당해져 보자'라는 생각이었다. 한 번 선생님께 먼저 도움을 요청해서였을까. 그다음 체육 시간에는 선생님께서 먼저 다가오셔서 아주 천천히 나에게 자세에 대해서 1대1로 설명도 해주시고 공으로 하는 연습도 보여주셨다. 내가 잘 못 알아듣는 것 같으면 직접 몸으로 보여주시고 나보고 해보라며 지도도 해주셨다. 내가 요청을 하기도 전에 먼저 파트너도 지정해서 붙여주시기도 했다. 더 신기한 일은, 내 한국말을 알아들었는지 체육 시간에 나에게 눈치를 주었던 친구들은 내 눈을 쳐다도 보지 않았고 다른 친구들이 하나둘 내 옆에 모이기 시작했다는 점이다. 내가 광녀처럼 굴어서 '이제 난 정말 친구 사귀기는 글렀구나'라고 생각했을 때 나와 같은 처지에 있던 아시아권 유학생들과 중동 유학생들이 내 옆에 모이기 시작했고, 내가 웃음을 되찾았을 즈음, 캐나다 친구들도 적극적인 나의 성격 때문인지 먼저 다가와 나의 어려움을 같이 공유해 주고 도와주기 시작했다. 덕분에 나는 체육 시간이 더이상 두렵지 않았고 점심시간이 더는 외롭지 않았다.

친구들을 사귀고 나니 자연스럽게 영어로 소통할 수 있게 되는 시간도 다른 유학생들보다 빨랐고 학점도 오르기 시작했다. 그때 느꼈던 것 같다.

'영어를 못한다고 해서 친구를 사귈 수 없는 건 아니구나. 그리고 나라가 다르다고 해서 내 모든 것을 그들에게 맞출 필요도 없구나. 중요한 건, 내 방식대로 긍정적이고 당당하게 살아가는 것. 내 부족함을 솔직히 인정하는 순간, 내 안의 두려움도 사라지는구나.'

현재의 어려움에 불만만 쏟아낸다면 아무것도 달라지지 않는다. 하지만 내가 변화하려는 의지를 갖고 적극적으로 노력하는 순간, 주변의 도움과 함께 좋은 결과를 만들어낼 수 있다. 그리고 지금의 틀에 순응하는 대신, 생각을 전환하는 순간, 세상이 다르게 보일 수도 있다.

지금 돌아보면 사소한 에피소드에 불과하고, 친구들과 가끔 웃으며 나누는 이야기일 뿐이다. 하지만 그때, 친구가 너무도 간절하고 외로움에 가슴이 저렸던 14살의 소녀에게는 그 모든 것이 전부였다.

중고트럭시장의 판을 바꾸다
: 운수업의 게임체인저

상용차 통계 데이터를 보면 우리나라에 등록된 총 상용차 대수는 약 370만 대가량 된다. 우리나라 중고 트럭시장은 연간 약 40만대가 거래되고, 17조 원의 시장 규모이다. 많은 분들이 승용차 시장 규모는 크고 상용차 시장 규모는 작다고 생각하지만, 트럭은 거래 당 단가가 높아서 생각보다 시장 규모가 크다. 우리나라 전체 화물시장 규모를 금액으로 환산하면 약 70조 정도이다.

시장 규모가 이렇게 큰데 대기업이나 다른 기업들이 뛰어들지 못한 이유가 뭘까? 나도 처음에 운송업을 알기 시작하면서 궁금했다. 공부를 하다 보니, 이 시장 자체가 승용차에 비교해서 거래구조가 훨씬 복잡하고, 정보가 너무 폐쇄되어 있다 보니 새로운 비즈니스 모델을 구축하는 데에 많은 난관이 있어 보였다. 그리고 승용차 시장에 있는 기업들이 상용차 시장까지 확장하기에는 우리나라 운수사업법상 중고화물시장의 특수성 때문에 진입장벽이 높아 승용에서 상용으로 확장하기란 불가능해 보였다.

하지만 공부하면 할수록 중고트럭 시장은 나에게 굉장히 매력적으로 다가왔다. 진입장벽도, 복잡성도 높은 시장이지만, 이 시장의 문제점을 해결하고 싶다는 사명감으로 다가왔고, 이 문제를 해결할 수 있는 사람은 내가 제일 적합하다는 자신감도 생겼다. 그때부터였다. 나는 기존 화물트럭 비즈니스의 판을 바꾸고 혁신하겠다고 다짐했다.

"너네도 같은 편 아니야? 이거 내가 빚까지 내서 산 트럭인데 갑자기 이제 와서 일감을 뺀다고 하면 나보고 어쩌라는 거야?"

2018년 당시 경기가 좋지 않았고, 8시에 출근을 하자마자 전화가 울렸다. 전형적인 운수업의 분양사기였다. 사기꾼들이 기사들을 모집하고 일감을 주면서 중고트럭을 시세보다 훨씬 높은 가격에 사게끔 하고, 3개월 후 일감을 뺏는 방식이다. 그렇게 되면 기사님들은 일자리를 빼앗긴 상태에서 트럭을 살 때 받았던 대출을 갚아야 하는데, 너무 높은 가격에 트럭을 샀기 때문에 처분할 때는 헐값이라 처분도 못 하는 상황이 된다. 중고트럭에 대한 가격이 전무하고, 중고트럭 차량 상태에 대해 검사를 받을 곳을 찾는 게 어려운 상황이다 보니 이런 불공정 거래들이 빈번했다. 신기하게도 경기가 어려워지면, 한 달에 운전만 하면 500만 원 이상 편하게 벌수 있다는 허위광고로 기사님들을 모으고 뒤통수를 치기가 일쑤였다. 마지막 희망으로 트럭 운전을 결심했던 기사님들은 마지막 희망이 꺼진 것처럼 물불 가리지 않고 화를 내셨지만, 이제 와서 해결하기란 어려운 일이었다. 정보도 부재하고 폐쇄적인 이 시장은 꼭 선진화되어야 한다고 생각했다. '중고트럭 시세만이라도 온라인에서 찾아볼 수 있으면 불공정 거래가 줄지 않을까'라는 생각으로부터 시작됐다. 기사님들의 이야기를 하나, 둘 듣다 보니 간단한 부분들은 내가 직접 시·군청에 통화하고 해결을 도와드렸던 적도 있다. 감사하다고 커피를 사주시면서 인사를 하시는데 마음이 뭉클한 적도 있었다. 한 번 사는 인생, '내가 지닌 능력으로 불공정 거래를 100건이라도 피하게 할 수 있다면 내 삶은 의미 있지 않을까'라는 생각이 드는 시점이었다. 회사를 성공시키는 것보다, 불공정 거래로 피해를 보는 기사님들을 100명만이라도 먼저 도와드리자는 생각으로 '아이트럭'을 시작했다.

기술의 발전으로 운수업도 변화하고 있다. 전기자동차, 수소자동차가 등장하고 자율자동차도 5년 이내에 상용화된다는 뉴스, 그리고 새로 생겨나는 IT를 기반으로 한 물류 스타트업들의 행보를 보면, 시대가 내가 생각하는 것보다 훨씬 빠르게 변하고 있다. 실시간 경로 계획 및 최적화를 위해 AI 및 빅데이터를 사용하기 시작했고, 안전하고 투명한 변조 방지 물류기록 보관을 위해 블록체인이 등장했다. 실시간 모니터링을 위한 차량 위치 추적기 덕분에 차량 관리가 향상되었으며 접근하기 어려운 지역에는 드론까지도 사용이 된다. 그런데 우리가 운수업이라는 큰 틀 안에서 생각해 보면, 운수업의 첫 단추는 트럭을 사는 것부터 시작한다. 기술들이 아무리 빠르게 발전을 해도 제대로 된 정보들이 기사님에게까지 도달하지 않는다면 이 시장의 불공정 거래는 계속해서 해결되기가 어렵다. 그래서 아이트럭은 운수업의 핵심 영역을 가져가고 있다고 보고 있다. 또한, 이런 기술변화에 발 빠르게 대응하지 않으면 현재의 마켓에서는 기업을 유지하고 살아남기 힘들다고 생각한다. 법규가 자꾸 바뀌고 모든 것이 빠르게 돌아가는 현실에서 비즈니스를 유지하기 위해서는 트렌드에 맞게 새로운 기회를 찾아야 한다. 기존 비즈니스를 변화시키고 혁신한다는 것은 현재의 프로세스, 제품, 서비스 등을 재구상하여 새로운 시장 요구에 적응하고 효율성을 개선하며 경쟁력을 확보하는 것을 의미한다. 발 빠르게 시장에 맞춰 움직이지 않으면 회사는 도태되고 존재의 가치가 떨어질 수 있다. 레거시 기업은 항상 새로운 혁신을 위해 도전해야한다. 아이트럭에서도 AI기술을 도입하여 중고트럭 시세 예측을 하고 있으며, 데이터 분석을 통해 인기 차량과 수요예측을 하고 있다.

빠르게 변화하는 시장에서 위기와 기회는 공존한다. 지난 4년간 아이트럭에서는 기존 시장의 중고트럭 거래의 틀을 완전히 바꿔 버렸다. 트럭거래를 할 때 시세를 정확하게 객관적인 관점에서 공유했고, 알음알음 오프라인에서 소개받았던 것과 달리 한 곳에서 전국의 매물들을 비교할 수 있도록 플랫폼에 정리해 두었다. 또한, 불필요한 마진을 줄이기 위해 기술 알고리즘을 이용하여 트럭 구매 시 영업용 번호판까지 원스톱으로 이용할 수 있는 서비스도 마련했다. 이뿐만 아니라, 고객의 목소리에 귀 기울여 중고트럭 상태를 평가하고 진단해주는 구매동행 서비스도 론칭을 했다. 올해는 부가적인 서비스로 트럭 거래 시 금융서비스도 함께 연결해 주는 대출상품도 론칭할 예정이다. 어떤 산업이든, 게임체인저란 속도가 생명이다. 고객의 말에 항상 귀 기울이고 그에 맞는 서비스를 빠르게 시도해 보면서 앞으로도 운수업의 혁신을 일으킬 수 있는 새로운 방법들로 트럭거래의 선두주자가 될 거다.

판을 바꾸려 하니
10배 넓은 새 길이 보인다

사실 금융업에서 일하다 운수업에 처음 발을 들였을 때, 나는 이 산업의 깊이를 충분히 이해하지 못한 채 다소 안일하게 생각하고 있었던 것 같다. 하지만 도로에서 수많은 시간을 보내고 제대로 된 식사조차도 하지 못하며, 홀로 수백, 수천 킬로미터를 달려야 하는 트럭 드라이버분들을 보며 나는 과연 저들만큼 열심히 살고 있는지 뒤돌아보는 계기가 됐다. 트럭 드라이버들의 스토리를 들으면 본인 직업에서 의미를 찾는다는 걸 알 수 있다. 아직도 나는 가끔 과연 저들만큼 치열하게 살고 있는지 궁금해진다. 스스로 자문하면 자신 있게 대답하기 어려울 때도 있었다. 꿈을 이루진 못했더라도 최소한 그들처럼 열심히 살았다고 자부할 정도는 되어야 하는데 말이다. 나 역시 더 치열하게 더 열심히 살아야겠다는 생각이 들었다. '트럭 화물 시장은 원래 이런 거야'라는 현재에 얽매여 불편함을 불평만 하지 말고, '왜 이럴까, 어떻게 개선할 수 있을까, 나의 능력으로 할 수 있는 게 있을까?'라고 생각을 이어가니 트럭 시장을 선진화하자는 사명감이 생기기 시작했다. '트럭', '화물' 하면 떠오르는 부정적인 이미지를 바꾸고, 이 시장도 투명해질 수 있다는 목표로 움직이기 시작했다. 제4차 산업혁명이라고 하며 물류 4.0을 홍보하지만, 모든 물류는 트럭을 사는 것부터 시작한다. '승용차 시장에는 온라인 플랫폼이 많은데 중고트럭거래 온라인 플랫폼은 왜 부재할까?'라는 질문부터 시작했다.

처음에는 막막했다. 문제점들은 눈에 보이는데 어디서부터 시작해야 할지, 어떤 자료를 찾아봐야 할지도 잘 몰랐다. 일단 내가 해야 할 일에 대한 리스트를 작성하기 시작했다. 법인 설립하기, 로고 만들기, 시장조사 하기 등등 내 몸은 하나인데 할 일은 끝없어 보였다. 먼저 시장조사부터 시작했다. 우리나라 중고트럭 시장의 규모를 찾아보는 것부터도 쉽지 않았다. 트럭에 대한 데이터는 많이 부족했기 때문에 가설을 세워 추정했고, 그 과정에서도 더 확신이 생겼다. 그리고 100명 이상의 트럭기사님들을 만나고 통화를 통해서 트럭 시장의 문제점에 대해 인터뷰를 했다. 트럭 구입은 어떤 경로로 하시는지, 가장 불편한 점은 어떤 것인지, 중고트럭을 살 때 어떤 점을 중요하게 보시는지 등에 대해 고객의 관점에서 이 시장에 대한 문제점을 정확히 이해하기 위한 작업을 출발점으로 삼았다. 그리고 경기도, 강원도 등 여러 곳을 돌아다니며 딜러분들(중고트럭 판매업자)을 만나 시장에 대한 인터뷰를 시작했다. 트럭 드라이버들에게 어떻게 홍보하시는지, 현재 트렌드에 맞는 잘 나가는 중고트럭은 어떤 것인지, 중고 시세는 어떻게 책정되는지 등에 대해 발로 뛰며 새로운 사람들을 만나 새로운 정보를 들을 때마다 방법이 보이기 시작했다. 운전을 두 시간씩 하고 가는 동안 운전하는 시간이 아까워 신문이나 책을 읽어주는 어플을 깔아놓고 정보를 듣기도 했다.

시장의 문제점들이 가시화되기 시작하니 이번에는 문제점을 해결하기 위한 조사에 들어갔다. 일본 시장과 미국 시장에 대한 조사를 하다 보니 우리나라에 적용할 수 있는 벤치마킹 사례들도 보이기 시작했다. 비즈니스 모델이나 수익 모델을 기획하는 것도 중요했지만 자본을 끌어오는 방법들도 알아보기 시작했다. 먼저 스타트업에 몸담고 있는 선배들, 친구들을 찾아가서 정보와 조언을 구했다. 몇 번 보지도 않은 잘 알지 못하는 선배에게 용기 내어 전화하고 찾아가기도 했다. 일주일에 한 번씩 교보문고를 방문해서 플랫폼에 대한 책, 스타트업에 대한 책들을 사고 아침에 5시에 일어나 출근 전 책을 읽으며 아이디어를 찾기도 했다. 팀을 꾸리기 위해 많은 사람들을 만나서 대화를 나누며 서로의 기대를 맞추기도 하고, 제안도 하며 바쁜 나날들을 보냈다.

초반에는 나와 동생 둘이서 창업자로서 사업계획을 짰지만, 6개월이 흐르다 보니 직원이 필요했다. 어떤 리더십, 어떤 기업문화를 만들어야 할까 고민하던 차에 도요타를 많은 위기에서 벗어나 연간 30조 원의 영업이익을 내는 기업으로 만든 아키오 사장이 한 말이 내 마음에 다가왔다. 열정이 없는 직원들을 탓할 게 아니라, 그 직원들이 어떤 것에 열정을 갖는지 파악해서 직원을 위해 조직을 바꾸자는 아키오 사장의 조언이었다.

"나라의 구조를 국민이 바꿀 수 없는 것처럼, 직원이 회사 구조를 바꾸기는 어렵습니다. 회사가 먼저 직원들에게 '배터박스(타석)에 서세요. 도전해도 좋습니다'라고 말해야 한다고 생각합니다. 그렇게 직원들이 도전해서 배트를 휘두르면, '왜 그런 볼에 휘둘렀어?'라고 말하고 싶더라도 참고 '나이스 스윙'이라고 말해주는 것이죠. 직원들이 도전할 수 있는 환경을 만들어주는 것이야말로, 열심히 일하는 모든 이들에게 그런 환경을 만들어주는 것이야말로 사장인 제가 해야 할 일이 아닌가 생각합니다."

2010년, 미국에서 사상 최대 규모인 1,000만 대 리콜 사태로 인해 아키오 사장은 미국 의회 청문회에서 결국 눈물을 보였다. 그리고 2011년, 동일본 대지진의 위기를 극복하며 했던 그의 말은 내가 직원들을 대하는 태도의 기준이 되었다. 연간 영업이익 30조를 넘어섰음에도 불구하고 "지금부터 시작이다"를 선언하며 조직개편에 나선 아키오 사장의 생각의 전환은 나에게 많은 깨달음을 주었다. 진심을 다해 좋은 차를 만들겠다는 신념을 갖고, 현실에 안주하지 않으며 기업이 지속적으로 성장할 수 있도록 열정을 쏟을 환경을 조성하겠다고 선언했다. 도요타의 부활 스토리는 리더가 명확한 목표를 세우고 이를 직원들에게 정확히 전달하면, 시장의 판을 바꾸고 새로운 길을 열 수 있다고 나에게 이야기해주는 것 같았다.

이 모든 시간들이 결코 쉽지는 않았다. '맨땅에 헤딩'이라는 말을 몸으로 체험하고, 가만히 앉아서 조사하고 생각만 하는 것으로는 절대 스타트업을 실행할 수 없다는 걸 느낀 시간들이었다. 도움이 필요할 때는 적극적으로 요청하고, 고객의 눈높이에서 구조를 짜며, 해야 할 일들을 하나씩 진행하는 이 시간이 쉽지는 않았지만 설레고 마음이 벅찼다.

그렇게 지낸 지 첫 1년 동안 나의 스타트업도 많은 노력들의 결과가 조금씩 보이기 시작했다. 선배의 조언으로 지원한 청년창업 지원금에 열심히 발표한 결과 1억 원을 선정 받았고, 이 자금으로 플랫폼 개발을 시작할 수 있었다. 아는 분의 소개로 회사 로고도 합리적인 비용에 좋은 결과물을 받아 볼 수 있었고, 같이 비즈니스 모델, 마케팅 등 전반적으로 같이 조사를 해주는 나의 동반자들, 좋은 팀원들도 만났다. 그리고 창업한 지 6개월 만에 3억 원의 초기투자도 성공적으로 유치할 수 있었다. 이런 초반의 작은 성공들이 또 다른 새로운 길을 보여주었고, 지금의 아이트력이 있게 했다.

나는 비즈니스판을 바꾸는
두 아이의 엄마다

"애들 키우시면서 가정이 있는데 회사까지 성장시킬 수 있으시 겠어요?"

"애들에 집중하다 보면 일에 대한 로열티가 떨어지는 거 아니에요?"

2022년 초, Pre-A 라운드 투자를 받으려 투자사들을 돌면서 회사소개(IR)을 하던 당시 들었던 말이다. 아직도 이런 코멘트를 하는 사람들이 있나? 싶지만 현실은 달랐다. 한창 회사에 대한 비즈니스 모델, 비전을 설명하고 있던 나에게 '그런데…'라고 말을 흘리며 회사에 대한 질문이 아닌 아이들에 대한 질문, 여성 대표에 대한 의구심이 나오곤 했다.

표면적으로만 바라보는 사람들은 절대 알 수 없다. 아이들을 키우면서 얼마나 많은 인내심과, 자기 성찰과, 대화 방법에 대한 끊임없는 고찰이 필요한지, 아이들이 있기에 나 자신이 얼마나 더 성숙한 사람이 되어 가는지. 나는 우리 아이들이 없었다면, 같이 일하는 팀원이 실수할 때 인내하지 못 했을 거고, 고객들의 입장에서 더 공감하지 못 했을 거고, 파트너들에게 부드럽고 현명하게 말하는 방법을 터득하지 못 했을 거다. 많은 사람들은 어른들이 아이들을 키우는 거라고 생각하지만, 사실은 아이들 덕분에 더 성숙한, 더 깊이 있는, 더 멋진 나 자신이 되어가는 과정이라는 걸 엄마가 되기 전에는 알 수 없다.

"아들 둘을 키우면서 어떻게 회사 경영이 가능해요?"

어떻게 가능할까? 아이가 어릴 땐 당신이 생각하는 것보다 훨씬 많은 우여곡절이 있다. 내가 픽업 시간을 잘못 전달해서 아이 픽업을 못 해 소동이 난 적도 있었고, 오전에 회의에 참석해서 중요한 발표를 해야 하는데 갑자기 아이가 아파서 부모님께 부탁드리고 부랴부랴 뛰어나온 적도 수차례 있다. 아침에 일어나면 아이들 학교 준비에 바쁘고, 퇴근하고 돌아가면 새벽 1시든 2시든 다음날 준비물과 알림장은 꼭 확인하고 잠이 든다. 하지만, 퇴근하고 돌아가서 잠자는 천사 같은 아이들 얼굴을 보는 그 순간, 말 못 하던 아이가 "엄마"라는 말을 하는 순간, 출근할 때 날 보며 밝게 웃어주는 아이의 얼굴을 보는 순간, 나는 더 열심히 하루를 살아가겠다는 힘이 생긴다.

사실 나도 고민이 될 때가 많다. 아이들이 크고 있는 걸 내가 못 보고 있는 건 아닐까? 교육열 높은 한국에서 다른 엄마들에 비해 너무 챙겨주지 못하고 있는 건 아닐까? 정신이 없어서 소풍 간 식을 혼자만 못 가져갔다고 선생님께 전해 듣는 날에는 '내가 정말 잘하고 있나'라는 생각도 든다. 이런 끊임없는 고민 끝에 깨달은 게 몇 가지 있다.

첫째로는, 폭풍 성장하는 7세까지 가장 중요한 건, 영어도 논술 도 수학도 아니고, 아이가 주도적인 삶을 살 수 있도록, 그리고 바른 교육으로 바른 정신을 가질 수 있도록 자존감을 주는 것이라고 생각한다. 그래서 나는 영어 교육이 더 집중되어 있는 영어유치원 대신 규칙과, 존중과 배려를 우선시하는 몬테소리 교육을 선택해 서 보내고 있다.

두 번째는, "공부해라"라고 잔소리를 하는 엄마보다는, 환경을 만들어주고 동기부여를 해 줄 수 있는 엄마이고 싶다(하지만 잔소리 하고 싶은 마음이 하루에도 10번 이상은 올라오지만…). 왜 공부를 해야 하 는지 많은 대화를 통해 설명해주고, 롤모델이 될 수 있는 엄마이고 싶다. 내가 올곧게 일하고 바른 모습을 보여주고 열정적인 모습을 보여주면 애들도 본받아서 인생을 도전적이고 사회에 기여하는 한 사람으로 살 수 있지 않을까 생각된다. 가장 중요한 건, 아이들 에게 방향을 잘 제시하려면 일단 엄마가 철학이 있고 줏대가 있어 야 한다는 사실이다. 내 마음이 평온하고, 자존감이 있어야 아이들 도 그렇게 키울 수 있다. 엄마가 집에서 아이의 모든 것들을 바로 옆에서 챙겨줘야 아이가 잘 자랄 수 있다는 가설은 확률적으로 틀 린 말은 아니라고 생각한다. 하지만 엄마가 있는 시간을 활용해서 충분한 사랑을 주고, 많은 대화로 아이의 마음을 이해하고, 모범을 보인다면, '아이의 잘 자람'은 엄마가 곁에 있는 절대적인 시간에 비례하지 않는다.

2012년도에 (전)미국 대통령 오바마의 연설을 들은 적이 있다. 오바마도 본인의 엄마가 항상 잘 안 계셨고 바빴다고 기억을 한다. 하지만 엄마가 포기하지 않는 모습을 보고 본받았다고 한다.

그러니 우리나라의 모든 워킹맘들도 본인을 자랑스러워했으면 좋겠다. 그리고 아이들에게 당당히 말했으면 좋겠다. 엄마가 밖에서 얼마나 멋있는 모습으로 일하고 이 세상을 바꾸고 있는지. 그리고 그런 엄마가 어디에 있든 너를 얼마나 사랑하는지.

비욘세가 첫 본인 명의 (비욘세) 앨범을 위해 레코딩을 시작했을 때 그녀는 딸을 출산 후 몇 달 후였고 첫 앨범을 낸 시기는 그녀의 딸이 첫 번째 생일을 맞았을 무렵이었다. 그녀의 앨범에 엄마라는 주제도 함께 공존했지만, 여전히 섹시했고 트렌디 했으며 매력적이었다.

당신이 '내가 엄마로서 잘하고 있을까?'라고 의문을 품고 있다면 이미 잘하고 있는 것이다.

아이를 키우다 보면 내 얼굴의 주름 하나가 더 인자하게 잡혀있고, 내 마음의 배려 하나가 더 성숙해져 있고, 일에 대한 사명감까지 더 높아진다. 많은 사람들이 잘 모르는 게 하나가 있다. 그것은 바로 어른들이 아이들을 사랑하는 것보다, 아이들이 어른들을 훨씬 더 많이 사랑한다는 점이다. 그 절대적인 사랑을 받은 어른들은 인생에 행복과 원동력이 생기는 거고, 본인들의 전부인 그 아이들을 보면서 인생을 살아갈 의미를 찾으며 하루하루 마음이 더 성장한다. 많은 사람들이 "엄마는 위대하다"라고 이야기한다. 동의한다. 엄마들은 다 위대하다. 하지만 아이가 엄마를 사랑하는 마음이 너무 위대해서, 엄마를 강하고 위대하게 만드는 거다. 그러므로 엄마들이 자신의 사회적 커리어를 끌고 나가기 어렵다고 생각하는 세상 모든 사람들에게 말하고 싶다. 엄마이기 때문에 더 위대하고 큰일을 해낼 수 있다고⋯.

AI시대 인재
: 가정, 가정, 가정
(Home, Home, Home)

대한민국에서 교육에 대해 이야기를 할 때 많은 자료와 영상들이 "어떻게 하면 우리 아이를 사회에 기여할 수 있는 아이로 키울 수 있을까요?"보다 "어떻게 하면 좋은 대학을 갈 수 있나요?"라는 콘텐츠들이 훨씬 많다. 지금 세상은 디지털 혁신과 자동화 기술이 주도하는 4차 산업혁명의 전환기로 들어서고 있으며, AI의 등장으로 전통적인 산업 구조를 변화시키고 있다. 새로운 비즈니스 모델과 산업 생태계를 형성하면서 부모들이 여전히 트렌드에 맞게 좋은 대학을 보내려고 집중하고 있다. 이러한 변화의 가운데 인재가 회사의 가장 중요한 자산이며, 회사 성공을 위한 필수 불가결한 요소 중의 하나이다. 기업에서는 많은 인재들을 끊임없이 인터뷰해서 발굴하고 성장시키기 위해 노력을 하고 있지만, 쉽지 않은 과제이다.

과연 '좋은 인재'란 어떤 인재인가?

첫 번째, 기본바탕으로 꼭 필요하고 중요한 건 어린 시절 배웠던 태도, 자세, 기본 성품, 겸손, 예의 등을 꼽을 수 있다. 사실 이 부분은 유교 사상이 기본인 대한민국에서는 예전부터 아주 중요시했던 덕목이며 기초라 할 수 있다.

두 번째는 업무 능력, 실력이다. 기본바탕이 없는데 실력만 있는 인재들은 곧 소모되고 사라진다. 특히 4차 산업혁명의 흐름에 올라타기 위해서는 기본바탕 위에 실력을 갖춘 인재들이 중요하며, 정직, 인내, 끈기와 같은 덕목들이 더 중요하게 되는 시대가 오고 있다. 기본바탕은 보통 교육에서 오기 때문에 부모들의 역할이 아주 중요하다. 그리고 지금같이 변화가 필요하고 새로운 판이 구성되는 시대에 그 덕목들은 훨씬 더 빛을 발할 수 있다.

이에 관해 나의 일화를 독자들과 잠시 나눠볼까 한다. 나는 어릴 때 아빠가 나를 미워하는 줄 알았다. 한 번은 해외여행 중에 화장실이 너무 가고 싶었다. 그때 내가 정확하게 몇 살이었는지 기억이 나진 않지만, 영어도 못하고 초등학교 저학년쯤이었던 것 같다. 그런데 아빠는 내게 이렇게 말씀하셨다.

"네가 알아서 갔다 와. 엄마랑 아빠도 모른다."

그때 당시 어리고 내성적이고 겁 많던 나는 너무 두려웠다. 그런데도 부모님이 날 도와주지 않을 거라는 걸 경험으로 어렴풋이 알았던 것 같다. 화장실을 가고 싶다는 건 생리적인 현상이기 때문에 포기할 수도 없는 문제였다. 일단 모르는 누군가에게 물어본다는 자체가 그 시절 나에게는 너무 버겁고 쑥스러웠다. 누구한테 물어봐야 할지, 뭐라고 물어봐야 할지, 지금 내 위치가 정확히 어디이며 다시 돌아오기 위해서 무엇을 보고 기억해 놔야 할지. 그 두려움 속에 어떻게든 생각이란 걸해야 하고 해결을 해야 한다고 생각했던 그 기억들이 신기하게도 아직 생생하게 남아있다.

부모님의 이런 교육은 내가 아버지 회사에 들어와서 첫 시작을 할 때도 이어졌다.

"이제 이 회사는 잘해도 니꺼, 망해도 니꺼니 알아서 해라."

그 말에 처음으로 경영인으로서 책임감이라는 걸 느꼈던 것 같다. 창업을 해나가면서 어려운 문제에 봉착했을 때, 한계에 부딪힐 때마다 절대 포기하지 않는 끈기는 어릴 때부터의 내공이 영향을 미쳤다고 생각한다.

어린 시절 나와 동생이 실수를 하고 무서운 마음에 거짓말을 하면 용서를 받기가 정말 힘들었다. 그런 경험들이 쌓이다 보니 실수로 혼나는 것보다 거짓말하는 게 더 나쁜 행위임을 이해했던 것 같고, 잘못했을 때 솔직하게 털어놓고 반성한다는 마음가짐이 지금까지도 생활 속 기본자세로 남아 있다. 그렇기 때문에 아이트럭에서도 고객에게 불편함을 드렸을 때 항상 진실로 소통하고 그에 따른 보상을 한다는 문화가 정착되어있다.

지금 생각해보면 아주 어린 시절부터 우리 부모님은 나에게 조절, 끈기, 정직함과 같은 기본자세들에 대한 교육을 일상생활에서 끊임없이 해주셨다. 많은 부모들이 자식이 성공하기를 행복하기를 바란다. 내가 창업을 해보고 운영을 해보니, 좋은 인재가 갖고 있어야 할 가장 중요한 요소는 태도라는 걸 느낀다. 업무는 가르칠 수 있지만, 태도는 가정교육에서부터 나와야 한다. 좋은 인재란 끈기, 책임감, 정직함, 문제 해결 능력, 포기하지 않는 근성, 감정조절 등에 대한 태도가 기본바탕에 깔려 있으면서 회사의 교육을 성실하게 받고 노력해서 업무를 배우고 성과를 내는 인재들이다. 특히나 4차 산업혁명이 핵심이 되어버린 이런 격변한 세상에서는 바뀐 인재상에 대한 환경을 인지하고 적응해야 한다. 사람이 업무를 해야 했던 많은 부분들이 자동화가 되어가고 AI가 대체하면서 파이가 줄어들고 쪼개지고 있다. 다른 관점에서 보면 지금이 기회라고 보는 새로운 스타트업들이 생겨나고 있다. 실패해도 끊임없이 도전하는 인재, 정직하고 책임감 있는 인재들이 기업에서는 성공의 핵심이다.

나이키의 공동창립자 필 나이트의 사례를 보아도 부모의 영향이 얼마나 중요한지를 볼 수 있다. 필 나이트의 아버지, 빌 나이트는 필의 교육과 가치관 형성에 큰 영향을 미쳤다. 그의 아버지는 신문사 편집자였으며, 매우 겸손하고 근면한 성격을 갖고 있었다. 그는 필에게 항상 성실함과 책임감을 강조했으며, 필이 어린 시절부터 자립심을 기를 수 있도록 교육했다. 필 나이트는 그의 자서전 《슈독》에서 아버지의 영향을 많이 언급하는데, 특히 그의 아버지가 제공한 교육적 지침과 지원이 필의 성격 형성에 중요한 역할을 했다고 회상한다. 부모님의 영향으로 그는 비즈니스에 대한 철저한 준비와 고객에 대한 진정성을 중요하게 생각했으며 나이키의 브랜드 정신과 품질 보증에 대한 철학은 이러한 부모님의 가치관을 바탕으로 형성되었다고 한다. 또한, 어릴 때부터 도전과 모험을 중요하게 생각하도록 교육받았는데, 사업 초기 어려움을 겪으면서도 포기하지 않고 계속해서 사업을 확장할 수 있었던 것도 이러한 교육적 배경 덕분이었다.

새로운 기술 기반으로 판이 바뀌는 시대에 많은 부모들이 간과하고 있는 부분은 '공부만 잘해서는 안 된다'라는 사실이다. 환경이 바뀐 이 시대에 우리가 간과해서는 안 되는 부분은 기본적인 '태도'이다. 우리 부모님이 나를 잘 키워주시고 모범을 보여주신 그 부분들을, 나도 두 아이의 엄마로서 항상 강조해서 고민하는 요소이다. 부모가 억지로 시키는 주입교육이 과연 의미가 있을까? 뭐든지 스스로 하는 습관이 자리를 잡아야 사회에 나와서도 주도적으로 본인의 업무를 책임감 있게 해낼 수 있고, 나아가 게임체인저로서 한 영역에서 비즈니스의 판을 바꿀 수 있다.

중고 화물트럭 거래를 투명하게 만들어라!

'게임체인저'하면 가장 먼저 떠올리게 되는 사람이 있다.

스티브 잡스.

모두가 동의할 것이다. 2007년 아이폰의 출시로 스마트폰이 혁신을 일으키면서 통신방식을 변화시킨 것뿐만 아니라 모든 삶의 방식을 바꾸었다. 사람들은 왜 스티브 잡스에 열광할까? 스티브 잡스의 영향은 기술을 넘어 현대 문화의 형성에까지도 역할을 했다. 1976년 스티브 워즈니악과 함께 애플을 창업하고 그의 첫 번째 도전, 개인용 컴퓨터를 대중화하는 것을 시작으로 애플 I, 애플 II 같은 혁신적인 제품을 출시하며 컴퓨터 시장에 큰 영향을 미쳤다. 애플을 시작으로 매킨토시, 픽사 인수, 아이팟 및 아이튠즈 등…, 고정관념을 깨는 사고방식으로 기존의 통념에 얽매이지 않고, 새로운 길을 찾아내는 능력은 지금 다시 생각해보아도 위대하다. 매번 새로운 도전을 위해 끊임없는 열정과 혁신적인 접근 방식으로 산업 전체에 영감을 주며 혁신을 불러일으켰다.

시장의 변화에 따라가지 못하고, 고객의 니즈를 파악하지 못하는 기업들은 금세 도태되고 시장에서 잊힌다. 한때 비디오 대여 산업의 지배적인 기업이었던 블록버스터는 디지털 스트리밍과 온라인 대여 서비스, 특히 넷플릭스의 부상에 적응하는 데 어려움을 겪었다. 고객이 뭘 원하는지를 분석하고 신기술에 투자하며 혁신할 기회가 있었음에도 불구하고, 오히려 오프라인 매장과 연체료에 집중하면서 시장에서 외면받기 시작했다. 경각심을 갖고 변화를 주기 위해 시도하려 노력했을 때는 이미 많은 고객들이 떠난 상태로, 결국 2010년에 파산에 이르게 되었다. 1990년대 후반과 2000년대 초반에 비디오 대여 산업에서 전 세계에 9,000개 이상의 매장을 보유하고 있었으며, 2004년에는 약 59억 달러의 수익을 보고하며 강력한 입지를 자랑했지만, 소비자 선호와 (2000년대 후반 디지털 스트리밍이 인기를 얻으면서) 기술 발전의 변화를 따라가지 못한 블록버스터는 비즈니스 적응력에 대한 경각심을 주는 사례로 볼 수 있다.

블록버스터뿐만 아니라 블랙베리의 사례를 보아도, 초반에는 뛰어난 보안 기능으로 기업시장에서 성공을 거두었지만, 스마트폰 사용자가 점점 더 개인적이고 다양한 용도로 스마트폰을 사용하면서 개인적이고 트렌디한 방향으로 소비패턴이 변화했다. 기술적인 부분에서도 블랙베리 OS는 아이폰의 iOS나 구글의 안드

로이드에 비해 유연성과 기능 면에서 한계가 있었고, UX/UI 측면에서도 편의성이 부족했으며, 비즈니스 기업에만 집중한 전략으로 인해 변화를 빠르게 받아들이지 못했고, 경쟁자들보다 뒤처질 수밖에 없었다. 코로나가 지나간 이 시기, 새로운 기술들로 비즈니스의 판이 바뀌고 있다. 게임체인저는 지금 이 시대에 생존하기 위해, 그리고 새로운 기회를 잡기 위해 옵션이 아닌 필수가 되어버렸다.

폐쇄적인 오프라인 시장에서만 거래가 되었던 중고트럭을, 파편화된 시장을 IT와 결합해서 중고트럭 거래 플랫폼 아이트럭을 만들겠다고 초기에 선언했을 당시, 많은 사람들이 낙후된 중고트럭 시장은 절대 변화하기 어렵다, 바꿀 수 없다고 비판이 거셌다. 심지어 우리가 화물 운송 시장을 혁신할 수 없을 거라고, 이 시장은 어쩔 수 없는 시장이라며 가능성을 부정하기도 했다. 하지만 시장의 문제점, 고객의 문제점은 확실했다. 트럭 시세가 공개되지 않고 있으니 부르는 게 값인 시장이었고, 중고트럭을 사기 위해 중간 브로커를 통해 고객에게 부담되는 불필요한 마진이 너무 큰 시장이었다. 정보가 폐쇄적이다 보니 불공정 거래가 많을 수밖에 없었으며 생계형 차주분들을 위한 도움이 부재한 시장이었다. 매년 어김없이 중고트럭 사기로 인해 극단적인 선택을 했다는 기사가 끊이지 않았다.

트럭은 같은 차량이지만 생계를 위한 수단이기 때문에, 거래 구조가 승용차와는 다르다. 이로 인해 기존 승용차 플랫폼이 상용차 시장까지 확장하는 데 한계가 있었다. 우리가 봤던 이 화물시장은 트럭거래부터 잡아야 한다고 생각했다. 화물·운송시장 전체를 보면 첫 단추는 트럭거래부터 시작한다. 신차보다는 중고트럭 거래가 2배 이상 많은 시장이었다. 이 시장에서 중고트럭 거래를 혁신하는 것은 산업을 위해서도, 고객들을 위해서도 옵션이 아닌 필수라고 생각했다. 앱을 통한 트럭의 물량 거래가 활성화 된 시점에서, 50~60대 고객들도 필요한 정보를 얻기 위해 자연스럽게 앱을 활용하게 되었다. 따라서 이 시점에서 트럭거래도 투명하고 합리적으로 선진화되어야 한다고 판단했다. 모두가 이 낙후된 트럭거래 시장은 온라인화될 수 없다고 안일하게 생각했지만, 아이트럭은 오픈 2년 반 만에 누적 거래액 650억을 돌파했다. 모든 처음 시작하는 건 열정, 그리고 실패해도 다시 일어날 수 있는 힘이 필요하다. 아이트럭은 지금도 매일 실패하면서 다시 일어나는 일을 계속하고 있다. 우리는 트럭거래 시장이 효율적이고, 화물시장이 혁신될 때까지 포기하지 않고 이 시장의 게임체인저로서 확장해 나갈 것이다.

전통적으로 남성이 주도해온 화물 시장에서 여성 리더로서 게임체인저가 된다는 것은, 인생에서 의미 있고 즐거운 도전이다. 목표로 했던 과업들을 하나씩 해결하며 혁신의 길을 걷는 것, 그리고 우리의 노력이 이 시장에서 누군가에게 도움이 되어 불공정 거래로부터 보호할 수 있다면, 그 자체로도 의미 있고 감사한 일이다. 인생을 단 한 번 사는 동안 남들과 같은 길을 따르는 대신, 세상에 실질적인 변화를 만들어내는 주체가 될 수 있다. 이는 단순한 개인의 성공을 넘어, 진정한 변화를 이끄는 여정이기에 더욱 의미 있고 가치가 크다.

아울러 변화를 추구하는 과정에서 새로운 경험을 통해 지속 성장할 수 있다. 고정된 틀에 안주하지 않고 꾸준히 자기계발을 하는 과정 속에서 삶이 풍부해질 수 있다. 또한, 내가 남에게 긍정적인 영향을 주고 세상을 더 나은 방향으로 변화시키기 위해 노력하며 목표를 이뤄가는 경험을 직접 해보면, 삶의 의미가 더욱 깊어진다.

왜 아이트럭에서 일하지?
왜 사서 고생하는 거야?

우리나라는 2022년 전 세계에서 명품 지출이 가장 많은 나라로 지목되었다. 피부로도 와닿는 것이, 주말에 백화점에 가면 명품매장 앞에 끊임없는 줄을 목격하곤 한다. 하지만 반면에 우리나라는 OECD 국가 중에 자살률 1위라는 안타까운 사실이 있다. 우리는 과연 행복할까? 돈을 많이 벌어 명품 옷, 명품 신발, 명품 가방을 들고 있는 모든 사람들은 행복할까? 뉴스에 나오는 대기업 재벌들은 정말로 부러운 대상이고, 그들은 행복할까? 표면적으로 남에게 잘 보이기식의 행복보다는, 남이 시키는 그런 것 말고 내가 진정 행복해지는 것이 무엇인지 우리 모두 생각해 볼 필요가 있다. 그럼 내 마음이 풍요롭고 행복하기 위해서는 뭐가 필요한 걸까? 우선 나 자신을 먼저 알아가는 과정이 필요해 보인다. 나 자신을 먼저 알고, 나를 잘 다스릴 수 있어야, 진정한 내면의 목소리를 들을 수 있다.

　많은 분들이 공감하겠지만, 나는 어릴 때는 좋은 대학만 가면 내 인생의 목표를 달성하고 행복이 시작되는 줄 알았다. 대학에 들어갔더니 취업 준비의 과정이 있었고, 30개 이상의 면접에 떨어졌다고 생각했던 순간 나는 실패했다는 좌절감에 내 방 침대 위에서 일주일 동안 절망감에 빠져 방 안에서만 지냈던 기억이 있다. 그렇게 힘겹게 원하는 곳에 취직했더니, 이번에는 결혼을 해야 할 나이라고 했다. 그 당시에는 사랑이라고 믿었던 사람과 몇 번의 헤어짐 끝에 결혼을 하고, 내 상상 속의 행복하기만 할 것 같던 결혼생활이 아닌, 현실을 경험하고 깨달은 점이 하나 있다.

　'인생은 그렇게 호락호락하지 않구나. 하나가 끝나면 또 하나의 과제가 오고, 정말 산 넘어 산이구나. 이렇게 허덕이면서 문제점 하나가 끝나면 또 하나의 무엇이 다시 오는구나. 그럼 나는 이 모든 것들을 '왜' 하고 있는가. 그리고 인생에서의 본질이 무엇일까. 나는 뭘 좋아하고, 뭘 원하고, 나만의 '행복의 정의'는 무엇일까. 지금 시간을 돌이켜 대학교 때의 나를 생각하면 젊고, 즐거운 시절이었지….'라는 감상에 젖어 들곤 한다.

　그런데, 그때 그 당시의 나는 과연 '그때의 현재'를 즐기고 있었을까? 나는 그때 내가 행복했다는 걸 느끼지 못하고 하루하루를 보냈던 것 같다. 근데 언제든 몇 년 후 그때를 돌이켜보면 '그때가 좋았지'라는 생각이 든다. 그래서 또 한 번 깨달음을 얻었다. '지금' 행복한 것, '현재'의 시간을 소중히 하는 것. '지금'에 감사한 것. 나의 마음가짐으로 현재의 시간이 더 행복하고 감사해질 수 있다는 것을. 시간은 누구에게나 공평하게 분배되어 있다. 그 시간을 즐겁고 의미 있게 활용하느냐, 낭비하느냐에 따라 나의 미래가 바뀐다.

나는 입사한 우리 직원들에게 꼭 물어보고 생각해보라고 하는 질문이 하나 있다.

"왜 아이트럭에서 일하는지."

사실 우리나라에 회사는 무궁무진하고 충분히 선택할 기회도 많이 있는데 굳이 아이트럭에서 일하는 이유가 뭘지. 하루 9시간 이상을 회사에서 보내고, 출퇴근 시간까지 포함하면 하루 반 이상을 회사에 투자하는 시간이 된다. 누구나 돈을 벌기 위해 일을 하는 건 당연하지만, 어디서든 돈은 벌 수 있다. 결국, 내가 아이트럭에서 어떤 가치를 얻고, 또 어떤 가치를 만들어낼 수 있는지가 중요하다. 자신의 일에 의미를 찾고 '왜' 이 일을 하는지 아는 사람과, 단순히 출퇴근을 반복하는 사람의 3년 후는 확연히 다를 것이라 확신한다. 일터에서는 많은 갈등상황에 직면하게 되는데, 본인의 일에 가치를 알고 문제점을 해결하는 직원은 끈기 있게 그 일을 해결하는 경우를 많이 보았다. 하지만 아무 생각 없이 회사이기 때문에 일을 한다는 직원들은 불평불만을 하기 일쑤고, 인생의 반을 보내는 회사에서 의미나 가치를 찾지 못한다면, 그 사람의 인생은 성취감을 얻기 어렵다고 생각된다.

"왜 그렇게까지 열심히 하는 거야?", "그런 것까지 왜 네가 챙기는 거야?", "왜 사서 고생하는 거야? 그냥 편하게 하면 안 돼?"라는 질문을 들을 때, 늦은 저녁 피로한 눈으로 귀가할 때, 가끔 생각한다. "근데 무엇을 위해 내가 이렇게까지 고생을 하는 거지?"라고…. 그럴 때 내가 궁극적으로 원하는 걸 내 머릿속에 그려본다.

나는 아이트럭이 트럭거래의 혁신을 불러일으키길 바란다. 우리의 앱을 통해서 고객들이 불공정 거래에서 피할 수 있길 바라고, 거래가 투명하길 바란다. 인생에서 내게 중요한 건, 운수업을 혁신하는 것. 그리고 두 아이의 엄마로서 모범을 보이는 것. 그리고 지금 이 순간들에 감사하는 것이다. 스스로 목표가 있는 사람은 지쳐도 지치지 않고, 인생에서 나에게 중요한 걸 이해하면, 남의 시선보다도 내가 행복해지는 법을 터득할 수 있다고 믿는다.

얼마 전에 오랜만에 오프라인으로 책을 사볼까 해서 서점에 방문했더니 많은 베스트셀러가 부자가 되는 법, 부동산으로 돈 버는 법, 주식으로 돈 버는 법으로 깔려 있었다. 인생에서 돈은 필수적이고 여유를 갖기 위한 중요한 요소임은 틀림없다. 돈도 중요하지만 우리 모두 인생의 본질을 잊지 말았으면 한다. 인생을 살아가는 데 있어서 마음가짐이 삶을 바꾸고, 성공을 가져다준다. 내가 정말 인생을 열심히 사는 이유를 책을 쓰면서 더 고민을 해보았는데, 한번 태어난 인생 열심히 사는 게 당연한 게 아닌가 하는 생각이 든다. 리더의 모습으로 솔선수범을 하면서 하나씩 성취해 나가는 기쁨, 목표를 달성하는 희열을 느낀 사람이라면 인생에서 열심히 하는 것 자체에서 즐거움을 느낄 수 있다. 우리 모두에게 삶은 단 한

번뿐이며, 내 이름으로 살아가는 이 인생도 오직 한 번뿐이다. 그러나 올바르게 살아간다면, 그 인생은 한 번만으로도 충분하다.

스타트업 대표:
더더더 버텨내는 능력자

사업 초창기에는 생각지도 못한 힘든 일이 자주 발생한다. 처음 겪는 어려움이기 때문에 어떻게 대처해야 할지, 누구에게 문의해야 할지, 눈앞이 멍해지는 경험을 분명히 하게 될 것이다. 내가 계획한 대로 업무가 원활하게 흘러가면 좋겠지만, 현실은 그 안에 사건, 사고들이 무수히 발생한다. 하지만 문제가 생겼다고, 이슈가 터졌다고 나쁜 것만은 절대 아니라는 사실은 꼭 당부해두고 싶다. 아니, 사실은 초반에 더 많은 실수, 더 많은 이슈를 경험해보라고 이야기를 하고 싶다.

문제가 없는 회사는 이 세상에 존재하지 않는다. 문제는 항상 일어나지만, 그 문제들을 하나씩 풀어나가는 능력이 회사의 성패를 좌우한다. 초반에 실수를 많이 하고 많은 문제들을 풀어내면 자신감이 생긴다. 그래서 더 큰 문제가 와도, 당황하지 않고 해결할 수 있는 마인드셋을 갖출 수 있다. 그리고 그 문제들을 해결하는 능력이 게임체인저로서의 핵심 영역이다.

지금 되돌아보면 아이트럭을 창업하고 정말 많은 문제들에 마주하고, 특히 첫 2년은 매번 그 문제들을 해결하기 위해 발버둥을 쳤다. 초창기에 자금이 부족했기 때문에 내부적으로 개발하지 못하고, 외주를 주고 개발을 진행했었다. 열 군데 넘는 개발사들과 미팅을 하고, 한정된 비용으로 베타 서비스로 테스트를 하기 위해 알음알음 소개도 받고, 온라인에서 포트폴리오 검색을 하면서 신뢰 있는 곳을 찾기 위해 많은 노력을 했다. 사실 초창기부터 CTO (최고 기술 책임자)를 영입해서 공동 창립자로 함께하고 싶었지만, 아쉽게도 2020년 당시에는 능력 있는 개발자를 영업하기도 어려운 환경이었다. 내가 처한 환경에서 최선을 다한다는 마음으로 UX/UI 디자인 기획부터 개발에 대한 지식까지 책으로 습득하고, 개발 전문가 동생에게 많은 조언을 들으면서 외주 개발을 진행했다. 많은 미팅 끝에 기획회의가 끝나고 1차 개발 후에 직원 2명과 QA를 진행하는데, 500개가 넘는 버그가 발견되었다. 개발사 쪽에서는 잘 작동한다고 하는데 우리 쪽에서 테스팅을 할 때는 안될 때, 그리고 마감시한이 한 달도 남아 있지 않은 상태에서 끊임없는 버그들이 나올 때, 적극적으로 개발사와 소통을 하며 문제들을 해결하기 위해 직접 방문도 하고, 엑셀시트를 통한 서면 소통에서도 정말 자세하게 영상까지 찍어 붙이면서 개발사의 탓보다는 우리가 뭘 더 지원 할 수 있는지, 어떻게 하면 우리가 원하는 플랫폼 기능들이 가능하게끔 만들 수 있는지에 대해 끊임없이 소통했다. 보통 이럴 때 개발사의 마감기한이나, 개발 상태에 대해 컴플레인을 하고 감정이 상해서 제대로 프로젝트를 마무리하기까지 어려움이 있다는 걸 익히 들어서, 문제가 닥쳤을 때 이 문제를 해결하기 위해 개발사와 아이트럭이 어떻게 서로 서포트 하면서 해결할 수 있을지에 대해 소통하면서 조절했던 기억이 있다.

결국 프로젝트 기한이 한 달 정도 지연이 되었지만, 인수인계까지 받았고, 인수인계를 받을 때는 내부 운영 개발자를 뽑아서 담당할 수 있는 여건을 만들었다. 개발 후 인수인계를 할 때 알게 된 사실이지만 외주의 외주를 주고, 개발하던 인원이 여러 번 바뀐 흔적을 보니 왜 진행을 하면서 그렇게 많은 문제가 있었는지 알 수 있었다. 인수인계하고 내부에 갖고 와서도 코드 안정화를 하느라 많은 노력과 시간이 필요했지만, 베타 테스트를 하기 위해 합리적인 비용으로 빠르게 고객 테스트를 할 수 있던 경험이었다.

아이트럭을 창업하기 전에 개발지식이 부족했던 나는 이 프로젝트를 통해 많은 서적과 조언을 참조하고 들으면서, 어느 정도 개발 설계, 디자인, 기획까지 아우를 수 있는 계기가 되었고, 그때 축적됐던 지식으로 데이터와 AI까지 확장해서 지식을 넓히고 사업을 성공적으로 확장할 수 있었다. 또한, 개발자들과 소통하는 능력, 개발자들을 관리하는 능력까지도 습득하는 계기가 되었다.

현재 전 세계 5억 명 이상이 사용하는 핀터레스트도, 벤 실버만이 처음 출시했을 때는 많은 어려움을 겪었다. 일단 실버만은 실리

콘 밸리 기술 창업자의 전형적인 틀에 맞지 않는 사람이었다. 강력한 코딩이나 엔지니어링 배경을 가진 다른 대표들과 달리 구글에서 컨설팅 업무를 하며 광고 영업 분야에서 일했다. 하지만 실버만은 자신이 잘하는 분야인 사용자 중심과 관계 구축에 집중했다. 초기에는 자금조달도 어려웠고, 투자자들도 핀터레스트의 잠재력에 회의적이었다. 왜냐면 핀터레스트는 그 당시 소셜 네트워크나 검색엔진과 같은 성공적인 플랫폼의 지배적인 모델에 맞지 않았다. 그럼에도 불구하고 실버만은 수천 명의 사용자들에게 개인적으로 접근하며 이메일을 보내 감사 인사를 전하고 그들의 요구사항을 더 잘 충족할 수 있도록 충성도를 강화했다. 이로 인해 실행 가능한 통찰력으로 단기적인 지표에 집중하는 대신 장기적인 가치를 제공할 제품을 만드는 데 집중했다. 고객의 피드백으로 이미지 파일링 등 편리한 기능들을 고도화하였고, 그 결과 인스타그램, 틱톡과 같은 플랫폼과의 강력한 경쟁에도 효과적으로 수익을 창출하고 있다. 아이트럭도 이러한 사례를 접목해서 분기에 한 번씩 고객들의 목소리를 듣고 있으며, 요청에 의한 개선사항 개발을 빠르게 적용하고 있다.

분명 사업을 하다 보면 문제가 터졌을 때, 머리가 하얘지는 순간들을 초반에 경험할 것이다. 하지만, 하나씩 해결해 나가다 보면 하나의 문제를 해결할 때마다 회사가 성장해 있다는 걸 경험할 수 있다. 그래서 문제가 또 오면, '아, 이거 해결하면 우리 회사 이제 더 잘되겠구나'라는 마인드로 해결할 수 있는 능력이 생긴다. 사업을 하는 모든 대표들은 공감하겠지만, 진행 과정에서 뼈가 깎이고 피눈물이 나는 순간들이 분명히 있다. 또 사업을 하면서 사람에 대한 환멸도 느끼고, 사람도 미워하게 된다. 나 자신이 삐뚤어질 때도, 옹졸해 보일 때도 있고, 심지어 평생 겪어 보지 못했던 돈이 절박할 때도 경험하게 된다. 이런 모든 것들을 받아들이고 하나하나 버티다 보니 내공이 생기더라. 처음에는 큰일 날 것 같았던 일들, 속이 타들어 가는 일들도 근력이 생기니 이제는 그냥 그렇게 하나씩 해결해 나가고 있는 내 모습에서 '아, 나도 조금은 성장했나 보다'라고 느낀다. 투자를 받으러 라운드를 돌 때, 상식에서 벗어나는 심사역을 만나 읍소하고 다닐 땐 자괴감이 들기도 했다. 하지만 내가 원하는 목표를 위해서, 아이트럭이 성공할 때까지 하루하루 지금도 버티고 있다. 하나 확실하게 말할 수 있는 건, 지금처럼 하루하루 버티다 보면 분명 내가 원하는 곳으로 한 발짝씩 더 가까이 갈 수 있다는 점이다. 그리고 나처럼 사업을 하고 있는 스타트업 대표들이나, 아니면 창업을 준비하는 학생들이 나에게 사업을 하면서 가장 중요한 한 가지를 물어본다면 나는 '끊임없이 버텨내는 힘, 문제가 해결될 때까지 포기하지 않는 힘'이라고 이야기하고 싶다.

나는 화물트럭 비즈니스판의 게임체인저다

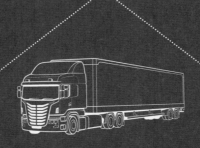

화물트럭사업이 아니라
플랫폼사업이라니까요!

"어떤 일 하세요?"

금융회사에 다닐 때는 "투자은행에서 근무하고 있어요." 또는 "제이피 모건(J.P. Morgan)에서 구조화상품 모델링 팀에 있어요."라고 하면 사람들은 쉽게 이해하고 고개를 끄덕였다. 아버지 회사에서 운수업을 시작했을 때도 기본적인 틀에 맞춘 답변으로 사람들에게 설명할 수 있었다. "운수업에서 업무 보고 있어요."라고 하면 어쩌다가 여성분이 운수업을 하게 되셨냐고 질문을 주실 때도 있었지만, 산업에 대한 이해를 시키는 데 어려움이 있지는 않았다.

그런데 스타트업을 시작한 후 아이트럭의 대표가 되고 나서는 "무슨 일 하세요?"라고 물어보면 현재 존재하고 있지 않은 비즈니스에 대해 설명을 하는 데 어려움이 많았다. 처음 시작하는 영역이기 때문에 모호함(다르게 말하면 혁신)을 설명하기 위해 노력한다. 요즘엔 그런 질문을 받으면 느끼는 게 있다.

'아, 정말 없던 길을 우리가 개척해서 가는 거구나. 새로운 걸 시작한다는 건 비즈니스 자체부터 모든 사람을 이해시켜야 하는 일이구나. 없던 길을 만들어내는, 지금 막 일어나고 있는 변화들이 만들어지고 있는 게임판에서 우리가 바로 게임체인저구나.'

예전에는 없던 일들이 생기고, 예전에는 없던 비즈니스로 일자리가 창출되고 명확했던 기준으로 분류하기 어려운 일들이 생기는 이 시점에 게임체인저가 되는 건 기회라고 생각한다. 스타트업의 혁신이란 마켓에서 사용자들에게 필요한 문제점을 발굴하고 그에 대한 솔루션과 방법을 제시하는 것이다.

중소벤처기업 진흥공단에서 지원하는 청년창업지원금에 신청해서 1차 심사를 통과 후 프레젠테이션을 하러 갔을 때 이야기다. 5분가량 아이트럭에 대해 열심히 설명하고 난 뒤, Q&A 세션에서 연세가 지긋해 보이시는 심사역 중 한 분이 물으셨다.

"근데 현재 하고 있는 운수업이 플랫폼이 되었을 때 장점이 뭔가요? 똑같은 업계에서 트럭사업을 하려고 하시는 거 아니에요?"

이미 오프라인에서 거래되고 있는 시장인데 온라인에서 오프라인의 문제점을 명확히 해결할 수 있는지에 대한 질문이었다.

"아이트럭은 온라인에서 전국에 있는 트럭 매물을 한눈에 비교해 볼 수 있고, 트럭 시세를 투명하게 제공함으로써 불공정 거래를 단절하며, 예전에 거래했던 전통적인 방식과는 다르게 기사님들이 트럭뿐만 아닌 유상운송에 필요한 영업용번호판까지 원스톱으로 불필요한 마진 없이 정확한 정보와 서비스를 제공받을 수 있습니다."

　같은 운송 분야이지만 플랫폼 사업과 전통적인 운수사업의 다른 점을 다시 설명해 드렸고, 왜 아이트럭은 전통적인 운수사업과 다른 조직 문화, 다른 역량을 갖고 있는 직원들, 그리고 기술이 필요한지에 대해서 알려드렸다. 여성기업확인서에 대한 심사를 할 때도 똑같은 질문을 하셨고, 플랫폼 사업이 어떤 건지, 왜 기존의 틀에 맞지 않는 혁신인지에 대해서 똑같이 설명해 드린 기억이 있다. 다행히도 아이트럭의 사업에 대해 긍정적으로 평가를 해주셨고, 청년창업지원금 1억 원을 받을 수 있었으며, 여성기업확인서도 큰 무리 없이 받아 낼 수 있었다.

　대학에서 가르치는 경영학 이론과 달리 스타트업 경영은 정말 실전 경험이다. 나도 대학교에서 경영학을 공부했지만, 그때 배웠던 이론들을 실전에서 활용하는 경우는 거의 없다. 마켓에서 필요한 고객이 원하는 니즈를 찾아서 아이디어를 검증해 나가는 과정이다. 지금은 게임회사로 유명한 엔씨소프트(NCsoft)도 처음부터 게임을 만드는 회사로 창업을 한 게 아니었다. 리니지를 개발하던 다른 회사가 어려워져 헐값에 인수했는데 대박이 나는 바람에 게임회사로 성공했다. 네이버도 처음에는 수많은 어려움을 겪다가 네이버 지식인으로 성공을 하면서 다음(Daum)을 이길 수 있었다.

　이렇듯 스타트업은 처음 타깃팅 한 비즈니스 모델을 끝까지 유지하고 가져간다고 성공을 하는 게 아니라, 시장에 맞게 그리고 고객에 맞게 실행하고 신속하게 비즈니스 모델을 검증하는 과정이다. 아이트럭을 처음 시작할 당시에도 고객들을 매일 만나러 현장으로 나갔다. 중고트럭을 살 때 뭐가 어려우신지, 사기당한 경험이 있으신지, 지금은 어떻게 트럭을 사시는지에 대해서 많은 케이스들의 이야기를 듣고 본질에 대한 문제점에 대해서 생각했다. 어떻게 해야 이 문제점을 해결할 수 있을지, 그리고 아이트럭 플랫폼이 정말 이 문제점을 해결할 수 있는 방안을 갖고 있는지, 우리가 생각하는 이 해결방법이 정말 고객들이 원하고 그들에게 필요한 방법인지에 대해 수없이 고민했다. 하나 추천하고 싶은 건 고객을 만나러 갈 때 준비과정이 굉장히 중요하다는 것이다. 고객을 만나는 목적을 명확히 하고, 어떤 질문을 하고 싶은지 질문지를 뽑아가거나, 설문지를 만들어서 받아오기도 했다. 또한, 필요한 피드백을 얻었을 때는 어떤 구체적인 단계별 계획이 필요할지에 대해서도 미리 논의하고, 그 부분에 대해서고 고객들과 소통했다. 기사님뿐만 아닌, 딜러, 운수회사까지도 수없이 인터뷰하고 회사들에도 방문하며 시장에 대해 공부했다. 기획하는 단계에서도 매번 기획서가 바뀌거나 변화될 때마다 고객들과 계속 소통하며, 필요에 따라서는 개발 세부사항을 수정해가며 베타 버전을 완성했다. 아이트럭은 지금까지도 고객과의 소통의 끈은 놓지 않고 있다.

요새 밴처캐피탈(VC) 업계에서는 예전에 비해 플랫폼 기업에 매력을 느끼지 않는다. 선두주자였던 많은 플랫폼 기업들이 이익을 내지 못하고 파산했기 때문에, 초반에 투자가 많이 필요하고 이익을 낼 때까지 시간이 걸리는 플랫폼 회사들에 대한 투자를 보수적으로 검토하고, 실상 투자도 잘 이루어지지 않는다. 플랫폼 기업이라고 해도, 아이트럭 플랫폼은 예전 이커머스(e-commerce)플랫폼들과 비교했을 때 큰 장점들이 있다. 아이트럭은 서비스한 지 1년 만에 단기 순이익을 달성했으며, 무리한 마케팅 비용 없이 5만 명 이상의 고객들을 유치했다. 전통적인 기업이든, 플랫폼 기업이든 나는 이익을 내지 않는 회사는 아직 회사의 모습을 갖추었다고 생각하지 않는다. 아이트럭이 이렇게 단기간에 성과를 낼 수 있었던 건, 기존 시장의 문제점을 정확히 파악하고 고객과 끊임없이 소통하며 시장에 맞게 검증하고 거래를 이루어 냈기 때문이다.

아버지가 하시던 사업이 전통적인 운수업이라면, 아이트럭은 트럭거래를 직접 현장에 찾아가지 않아도 온라인에서 정보들을 습득하고 거래까지 할 수 있게 하여 딜러와 차주를 연결하고, 우리나라의 운수사업법상 유상운송에 꼭 필요한 영업용번호판까지 구입할 수 있는 원스톱 서비스를 제공한다. 이뿐만 아니라 빅데이터를 기반으로 한 시세 분석으로 중고트럭 잔가 시세 알고리즘을 개발하고, AI를 통해 생계형 차주들을 위한, 돈을 잘 벌어다 주는 차량 추천 서비스도 제공한다. 더 나아가 운송과 금융, 운송과 보험, 운송과 중고 부품 등 다른 사업과 연결하여 부가적인 서비스도 제공할 예정이다. 가설을 검토하고 예전에 없던 일을 시작하는 나는 트럭거래시장의 게임체인저다.

언택트 시대에 맞는 BM

코로나19 사태를 계기로 온라인 시장이 앞당겨졌다. 미국의 디지털 커머스 데이터에 따르면 코로나를 시작으로 2020년 상반기 소비자들은 온라인에서 약 3,472억 달러를 지출했으며, 이는 2019년 같은 기간의 약 2,668억 달러 대비 30% 이상 증가한 수치이다. 이런 데이터가 우리의 행동 패턴을 보여주듯이, 대세를 바꾸기는 어려워 보인다. 나만 해도 마지막으로 마트에 간 적이 언제인지 생각이 안 날 정도로 아기용품, 생활용품 등을 여러 곳의 온라인 플랫폼을 이용하여 쇼핑하고, 심지어 다음날 아침에 바로 집 앞까지 배송되는 서비스 덕분에 더 이상 직접 마트에 찾아가지 않더라도 언제든 클릭 몇 번이면 신선하게 물건을 받아 볼 수 있다. 현재의 편리함에 익숙해지는 순간, 다시 소비자들의 행동 패턴을 되돌리기는 어려워 보인다. 스마트폰의 등장으로 우리들의 삶의 방식뿐만 아니라 생활 패턴도 변화하고 있다.

스마트폰의 등장으로 시공간의 제약 없이 소통할 수 있고 정보 전달이 빨라져 정보 격차가 점차 해소되는 등 편리한 생활을 하게 되어 스마트폰 없이 생활하는 것이 힘들어지는 사람이 늘어나면서 '포노 사피엔스'라는 용어가 등장했다. 영국 경제주간지《이코노미스트》가 '지혜가 있는 인간'이라는 의미의 호모 사피엔스에 빗대 '포노 사피엔스(지혜가 있는 전화기)'라고 부른 데서 유래한 것이다.

포노 사피엔스의 문명을 이해하느냐 그렇지 못하냐에 따라 비즈니스의 생존이 달렸다 해도 지나치지 않을 정도로 우리가 원하든, 원하지 않든 돌이킬 수 없는 문명의 대전환기에 살고 있다. 포노 사피엔스의 문명을 받아들이는 걸 선택하고 그에 맞게 혁명의 시대 속에서 위기를 기회로 바꾸는 비즈니스 모델이 필수다.

10년 전 부동산 시장을 보면 여러 개의 공인중개업소가 고객에게 매물을 소개하고 중간에서 이윤을 남기는 구조였다. 하지만 온라인 플랫폼들의 등장으로 부동산 시장이 데이터 중심, 고객 중심으로 바뀌기 시작했다. 화물운송시장에도 변화가 필요하다고 생각했다. 전통적인 시장에서만의 방식들이 있었지만, 시장의 비대칭성과 IT와 결합하였을 때 나올 수 있는 시너지를 통해 화물시장의 게임체인저가 되고 싶었다. 화물시장에서 게임체인저가 되기 위해, 나의 아이디어를 실행으로 옮기기 위해 많은 노력들을 시작했다.

일단 서점을 찾아가서 플랫폼에 관련된 책과 스타트업 관련 책들을 사서 읽기 시작했다. 책을 읽다 보니 더 많은 아이디어들이 떠오르기 시작했고 먼저 스타트업을 시작한 선배님들의 조언을 참고로 시행착오를 줄이기 위해 공부하기 시작했다. 책뿐만 아니라 현장감을 익히고 현장의 소리를 듣기 위해 일주일에 두 번 이상은 꼭 매매단지 또는 고객들을 방문하여 트럭거래를 할 때 불편하신 점, 문제라고 생각하시는 점들에 대해 깊게 이야기를 나누고 경청하면서 네트워크를 구축해 나갔다.

이뿐만 아니라 트럭휴게소에 방문해서 처음 뵙는 고객들에게 박카스를 나누어드리며 온라인에서는 조사하기 어려운, 현실에서 일어나고 있는 실전 이야기들을 듣기 시작했다. 고객님들과 가까워질수록 내가 머릿속으로만 생각했던 아이디어들에 대한 확신이 들기 시작했고, 할 수 있다는 자신감도 더 높아졌다. 팀원들과 같이 며칠을 논의하여 나오는 모델들을 검증하러 몇 번이고 다시 현장을 찾고 발로 뛰면서 하루하루 배우는 마음으로 노력할 수 있었다. 비즈니스 모델을 검증하고 조언을 얻기 위해 대학원 때 친분이 있던 교수님에게 찾아가서 조언을 얻고, 나보다 먼저 스타트업에 뛰어든 선배님들을 찾아가서 스타트업의 과정이나, 힘든 점, 헤쳐 나가는 힘 등 많은 조언들을 들을 수 있었다.

"오, 이 시장 재미있다. 시작해봐. 선도자로써 시장성이 보인다!"라고 이야기해 주는 분들도 계셨지만, 다른 의견을 지닌 분들도 계셨다.

"중고트럭 시장이 너무 복잡해서 투자사들을 이해시키고 설득시키기에 어려워 보여요. VC투자는 무리겠네요."

"시장성이 없어 보이는데요? 이거 왜 하려고 하세요?"

이런 이야기를 들을 때마다 어느 부분이 이해가 안 되는지, 어떤 부분이 우려가 되는지에 대해서 더 깊게 이야기를 나누었고, 이런 조언들을 우리 비즈니스 모델에 녹여야 할지, 아니면 쳐내고 가야 하는 포인트인지에 대해서도 끊임없이 고민하고 팀과 논의했다. 부정적인 의견을 갖고 있는 분들을 설득하기보다는 그분들이 왜 그렇게 생각하는지에 대해서 이야기를 듣고, 그 포인트가 우리가 고민한 페인 포인트와 맞닿는지 그리고 극복할 수 있는 여지가 있는지에 대해서 계속 고민했다. 우리 사업을 설명하는 과정에서 운송시장을 이해시키도록 설명 방식을 바꾸거나, 정부 보조금을 위해서는 우리 사업이 어떻게 사회에 공헌할 수 있으며, 영세한 기사님들이 어떤 어려움을 겪고 있는지 알 수 있도록 설명을 바꾸기도 했다. 그 결과 법인을 설립하기도 전에 정부보조금 1억을 달성할 수 있었으며, 법인 설립 후 서비스가 론칭되기도 전에 투자제의를 3곳에서 받고 성공적으로 초기 투자 유치까지 이뤄냈다.

스타트업의 묘미는 불확실한 비즈니스 모델을 시장에 내놓고 부딪힌 후 계속 수정하는 과정이다. '된다, 안 된다'를 미리 장담할 수 없고 다른 사람들의 조언을 경청하되, 이 사업에 대해 가장 잘 아는 사람으로서 확신을 갖고 계속 부딪히고 실행해보는 힘이 필요하다. 부정적인 의견도 잘 경청해서 개선할 수 있는 자세도 중요하다. 먼저 대담한 비전을 세우고 이 비전을 어떻게 실행할 것인지에 대한 명확한 계획과 분석이 필요하다. 오늘 당장 할 일이 무엇인가를 계획하고, 실행하고, 평가하고, 개선하고 이 사이클을 단시간 내에 시장에서 테스트하는 용기가 필요하다. 아이트럭은 언택트 시대에 맞는 1차 비즈니스 모델을 시장에서 테스트하고 구축했다고 본다. 지표로 알 수 있듯 우리는 서비스 한 지 2년 반 만에 거래 누적액 650억원을 달성했고, 우리의 비즈니스 모델은 계속 진화하고 있는 중이다.

언택트 시대의 비즈니스 모델은 국내뿐만 아니라 해외 진출로 나가기도 굉장히 용이하다. 캄보디아, 일본 등 거래처를 꾸준히 만나면서 협력해 갈 수 있는 비즈니스 모델에 대해 함께 논의 중에 있으며, 2027년에는 국내뿐만 아니라 해외에서도 아이트럭이 활약할 수 있는 방안들을 구축 중에 있다.

화물트럭을 파는 게
아니에요

누구도 강요하지 않았는데 사람들이 TV를 끊고 스마트폰 미디어를 선택했으며, 누구도 강요하지 않았는데 어느 날 갑자기 사람들이 은행에 직접 찾아가지 않고 온라인뱅킹을 선택했다. 그것도 정말 빠른 속도로….

아이폰이 탄생한 지 채 10년도 안 됐지만 인류의 40% 이상이 자발적 선택으로 배우고 사용하는 중이라는 건 정말 놀라운 일이다. 사용뿐만 아니라 중독이 무서울 정도로, 그래서 부모들이 아이들에게 일부러 스마트폰을 멀리하라고 잔소리를 하며, 사주지도 않을 만큼 우리의 생활 속에 깊숙이 파고들어 왔다. 여기서 생각해 볼 문제는 아이들에게 스마트폰을 사주지 않기보다는, 절제하는 방법을 제시해 주는 게 현명한 교육일 수 있다는 점이다. 이미 우리 곁에 너무 익숙해진 포노 사피엔스 시대에 스마트폰을 쓸 줄

모르고 디지털과 멀어지기보다는, 현명하게 이용하는 방법을 대화를 통해서 교육한다면 아이에게도 더 좋은 교육이 되지 않을까? 위기와 기회가 공존하는 현시점에 바뀌고 있는 문명을 받아들이느냐 막아서느냐의 기로에서, 진실로 진화의 무서운 힘은 절대 역변이 없다는 데 있다.[1]

이렇게 급변하는 세상에서 전통적인 파이프라인 비즈니스 모델로는 경영권을 지키는 데 한계가 있다. 미국 최대 가전유통업체 베스트바이의 케이스만 봐도 스마트폰이 생긴 이후로, 방문객들은 매장을 둘러보면서 제품을 오프라인 매장에서 직접 구매하는 대신 스마트폰을 이용하여 바코드를 스캔 후 가격을 조사, 스펙을 확인하고 클릭 몇 번으로 온라인 판매업체에서 5~10% 저렴한 상품으로 구입하는 패턴으로 바뀌었다. 경영진들은 이 현상을 막으려고 다양한 전술을 내놓았지만, 그 어떤 방법도 바뀐 패턴을 되돌릴 수는 없었다.[2]

미국의 우버의 사례를 보면 어떤 식으로 사업을 확장하고 가치를 부여했는지 볼 수 있다. 처음에 우버 서비스가 론칭되었을 때, 기존의 택시 운전자들과 규제에 많은 저항을 받았지만, 스마트폰 기반 운송 플랫폼 사업자로 무서운 성장세를 보였다. 새로운 차량

1) 최재붕, 《포노사피엔스》, 쌤앤파커스, 2019, (※ 참조)
2) 탈레스 S. 테이셰이라 저, 김인수 번역, 《디커플링》, 인플루엔셜, 2019. (※ p.45. 참고)

공유서비스 우버도 택시 운전자와 택시 이용객을 매칭해 주는 서비스, 신속하고 정확한 탑승 공유 매칭 서비스부터 시작했다. 정확하게 탑승 위치에서 승객을 픽업하고, 더 많은 수요로, 더 낮은 가격을 제공하며, 운전자의 운전 중단 시간을 감소하고, 더 많은 지역에서 충분한 운전자 확보를 위한 플랫폼 서비스를 제공한다.

그리고 처음의 비즈니스 모델을 보완하는 서비스를 제공하기 위해 2015년 새로운 차량 공유 서비스인 우버풀(UberPool)을 제시했다. 이 새로운 서비스는 목적지가 같은 두 명 이상의 탑승객이 한 차량에 합승할 수 있게 해주면서 운전자는 더 큰 수익을 누리고, 탑승객은 비용을 줄일 수 있게 도와줬다.

매칭 서비스뿐만 아니라 새로운 경험에 의해 금융 쪽 비즈니스 모델을 구축하기도 한다. 우버가 신규 운전자를 유입하는 경로를 분석 중에 타깃층으로 최근 미국에 이민 온 사람들을 공략하면 좋겠다는 사실을 알아냈다. 이들은 일하고 싶은 열정과 소득을 보전하는 데 매우 적극적인 자세를 갖고 있지만, 차량 구입을 위한 자금이 용이하지 않았다. 일단, 융자에 필요한 대출신청 자격뿐만 아니라 신용상태도 부족하다는 분석이었다. 우버의 운영그룹 담당인 앤드루 채핀(Andrew Chapin)은 이들에게 우버를 보증인으로 대출을 시작하자는 아이디어를 내보였다. 우버에서 직접 이들에게 대출이자 등을 공제하고 기관에 송금하자는 아이디어였다. 이러한 우버의 진화는 기존의 핵심 비즈니스 모델 위에 새로운 부가서비스를 제공하는 좋은 사례이다. 이렇듯 우버의 비즈니스 모델도 매칭 서비스를 기반으로 다른 서비스를 제공하고 금융까지도 확장하는 방식들을 보여준다.

모든 혁명에는 위험이 뒤따르지만, 변화를 막을 수는 없다. 이렇게 많은 변화들이 있는 이 시점에 게임체인저로서 남보다 한 발짝 먼저 시장을 바라보는 도전을 하는 건 어떨까?

'혁신'이란, 게임체인저란 무엇일까?

많은 스타트업들이 '혁신'을 일으킨다고 하고, 산업을 '주도'한다고 하며, 획기적인 방법으로 많은 개선을 이루겠다고 주장한다. 사실 '스타트업'이라는 단어 자체에서, 뭔가 새로운 것을 시도하고 시장의 문제점을 해결하는 팀이라는 인식이 자연스럽게 떠오른다. 그렇지만, 혁신이란 단순히 새로운 것만을 추구하는 것이 아니라, 그 과정에서 진정성 있게 시장과 사용자에게 실질적인 가치를 제공하는 것이 중요하다. 혁신이라는 단어를 사전에서 찾아보면 "묵은 풍속, 관습, 조직, 방법 따위를 완전히 바꾸어서 새롭게 함."이라고 나온다. 사실 어떤 분야를 '혁신'한다는 것은 생각보다 정말 더 큰 노력과 고통이 따른다. 아마존을 창업한 제프 베조스, 테슬라를 창업 한 일론 머스크, 스타벅스를 창업한 하워드 슐츠, 우리는 항상 그들의 성공에 대해, 그리고 그들이 사회에 미친 영향에 대해 많은 이야기들을 한다. 우리가 항상 간과하는 건 그들의 개인적인 희생과, 혁신을 가져온 많은 리더들의 사회적, 정서적 측면에서의 극심한 어려움이다.

아마존은 테크버블이 터진 후 거의 파산 직전이었다. 회사의 주식은 90% 이상 하락했으며, 많은 사람들이 곧 망할 거라고 예측했다.

SpaceX는 3번의 로켓 실패로 회사가 파산 직전에 몰렸다. 4번째 발사가 실패하면 SpaceX는 파산할 것이라도 말했지만, 2008년 성공하여 회사를 구하게 된다.

2008년 금융위기로 스타벅스의 매출이 급락하고 주가가 50% 이상 폭락하면서 하워드 슐츠는 다시 대표이사로 복귀하게 된다.

이렇듯 혁신의 뒤에는 문제를 해결하기 위해 고군분투하고 항상 성장을 위해 최선을 다하는 팀들이 있다.

"트럭 산업이 너무 작지 않나요?"

"승용차 거래는 플랫폼이 있는데, 트럭이 없는 이유가 있지 않을까요?"

"산업의 이해가 어려운데, 이제까지 트럭거래 플랫폼이 없었던 건 이유가 있지 않나요?"

아이트럭을 창업하고 첫 투자를 받을 때, 그리고 매번 투자 때마다 아이트럭이 트럭 거래의 첫 주자이기 때문에 많은 질문들을 받았다. 혁신을 일으키는 스타트업에 투자한다는 투자자들도 첫 주자에게는 더욱 더 보수적으로 볼 뿐만 아니라, 이제까지 몰랐던 산업에 투자한다는 건 그 산업을 파고들어 공부를 하겠다는 열정 없이는 불가능한 일이다. 질문만 하면 다행인 경우도 많다.

"대학까지 나오셔서 굳이 이 비전 없어 보이는 사업을 왜 하시는 거예요?"

"솔직히 여성분이…, 애들 키우면서 사업하실 수 있으세요?"

그런 이야기를 들을 때면, 내가 고작 이런 이야기 들으려고 연봉 높고 복지 좋던 금융업을 때려쳤나 하는 생각이 들 때도 있었다. 이뿐만 아니라 내가 사업설명을 하는 도중에 졸거나 태도가 굉장한 불량한 투자자도 있었다. 투자를 받기 위해 투자사 50군데 이상을 만나면서 회사에 대해 소개했다. IR 발표를 하고 결과를 기다리기까지 보통 1주에서 2주 정도 시간이 소요되는데, 기다리는 시간조차 나에게는 압박감으로 다가왔다. 초기의 스타트업에서 자금의 중요성은 기업 운명의 핵심이다. 투자사들을 만나서 어필할 때 아이트럭이 최초로 트럭시장의 판을 혁신하고 있다고 말한다. 하지만 결국 투자자 입장에서 원하는 건 투자한 금액에 대한 수익, 그리고 '출구전략(exit plan)'이다. High risk, high return (고위험 고수익: 위험이 클수록 수익도 크다)이라고 하는데 어떤 산업이든 최초로 비즈니스를 진행한다는 건 리스크도 크지만 그 혁신을 바탕으로 성공을 했을 때는 하이리턴이 따라오기 마련이다. 아이트럭에 첫 투자를 했던 투자사는 3년 만에 12배 이상의 기업가치로 단시간에 큰 리턴을 얻고 있다.

나는 이런 혁신을 이룬 기업으로 나이키를 생각한다. 나이키가 성장하는 과정에서 초기 운동화는 무게가 무겁고 충격 흡수 성능이 떨어진다는 소비자들의 불만들이 많았다. 나이키는 제품의 품질과 성능에 대한 혁신이 필요하다는 것을 깨닫게 된다. 소비자 피드백을 면밀히 받기 위해 나이키 소매점에서 소비자와 직접 대화하며 정확한 피드백을 받기 위해 불만족스러운 부분들에 대한 의견 제기에 주의를 기울인다. 또한 제품에 대한 데이터도 수집하며 소비자의 불만을 해소하기 위한 쿠셔닝 기술에 주목한다. 프로토타입 실패로 팀원들의 사기도 많이 꺾이고 혁신에 대한 의문도 품었지만, 나이키 창업자는 포기하지 않고, 큰 목표를 작은 단계로 나누어 성취를 인식하고 축하함으로써 끊임없는 동기부여를 했으며, 팀원 개개인과의 소통으로 프로젝트에 대한 나이키의 비전과 목표를 공유했다. 필 나이트 (나이키 창업자)는 운동화 시장의 발전 방향을 예측하고, 소비자들의 요구를 충족시키기 위해 혁신적인 기술개발을 목표로 했으며, 그 결과 나이키 브랜드 이미지를 혁신적으로 변화시킬 수 있었다.

하지만 최근 2024년 기준 판매감소와 경쟁 증가로 인해 대표이사가 바뀌었다. 처음 나이키가 운동화에서 혁신을 이뤘던 것처럼 지금도 시장에서는 혁신을 요구받고 있다. 나이키의 재무 성과가 압력을 받고 있고 주식도 감소한 이 시장에서 예전같이 스포츠에 대한 집착을 되찾고 혁신으로 해낸다면 회사는 지속 성장할 것이고, 아니면 어려워질 것이다. 지금은 혁신하지 못해서 위기가 왔지만, 다시 혁신을 시도 중이다.

50년 전 나이키처럼 트럭시장에서 아이트럭이 중고트럭 거래의 판을 바꾸고 있다. 우리는 매달 거래금액을 새로 달성하며 가시적인 성과를 경험하고 있다. 베타 앱을 론칭하자마자 정부사업 R&D에 자금 6억을 받아내는 성과를 이루기도 했다. 100장 넘는 보고서를 위해 2달 동안은 하루에 16시간 이상 일한 날도 허다했다. 많은 사람들은 '나는 열심히 하루를 보냈다'라고 생각하지만, 그 '열심히'의 정도는 사람마다 다르다. 처음 창업을 하고 매주 60시간 이상 일을 하는 건 기본이고, 아들 둘 엄마지만 주중에는 아이들의 얼굴 보기조차 힘든 나날들이 많다. 주말에는 출장을 다니기 십상이고, 매출이 잘 나오면 유지하면서 더 올라가기 위해 최선을 다하고, 문제가 생기면 수단과 방법을 가리지 않고 무조건 해결하기 위해 최선을 다한다. 모든 혁신과 도전에는 그만큼의 희생과 고통이 따른다. 화려한 스타트업 뒤에는 하루하루 고군분투하는 직원들의 노력과 대표의 확신이 반드시 필요하다.

'대표'의 사명감과 무게감
: 피, 땀, 눈물 그리고 덕

아이를 둔 엄마로서, 한 남편의 아내로서, 그리고 가업을 이어받고 있는 3세로서, 나는 아이트럭을 창업하기까지 수많은 고민과 갈등, 그리고 깊은 대화를 거쳐 왔다. 아버지의 운수업을 이어받으며 자연스럽게 이 업계의 현실을 마주하게 되었고, 그 과정에서 기사님들이 불공정 거래와 부조리에 노출되어 고통받는 모습을 가까이에서 지켜보았다.

21세기에 이토록 폐쇄적이고 파편화된 시장이 여전히 존재한다는 사실에 충격을 받았고, 그 안에서 해결해야 할 문제점과 개선할 수 있는 가능성이 선명하게 보이기 시작했다. 사실 단순히 가업을 그대로 운영하며 안정적인 길을 걸을 수도 있었다. 새로운 도전을 하지 않아도 충분히 살아갈 수 있는 삶이었다. 하지만 만약 내가 아이트럭을 창업하지 않았다면, 지금의 나는 어떤 가치를 지향

하며 살아가고 있을까? 가끔 그런 질문을 스스로에게 던지곤 한다. 시간이 되돌려져 다시 선택할 수 있는 기회가 주어진다면, 나는 과연 같은 길을 선택할까?

그때의 나는 변화하는 운수업의 판을 직감했고, 그 변화 속으로 직접 뛰어들어 이 업계의 가치를 재정립하며 사회에 기여하고 싶었다. 이 시장에는 해결해야 할 문제가 너무도 많았고, 이를 개선하며 새로운 가치를 창출할 수 있는 비즈니스 모델이 보였다. 최신 트렌드에 맞춰 문제를 해결해 나가다 보면, 그리고 아이트럭의 탄생으로 불공정 거래가 조금이라도 줄어든다면, 내 삶은 더욱 의미 있고 가치 있는 길이 될 것이라 확신했다. 그 믿음과 열망이 나를 창업으로 이끌었다.

"트럭 거래 시장을 공정하게 만들고, 혁신시키겠다."

이것이 아이트럭을 시작할 때 스스로에게 했던 다짐이다. 만약 돈을 많이 벌겠다는 목표만으로 창업했다면, 그리고 회사를 운영했다면, 과연 수많은 어려움을 극복할 원동력이 되었을까? 대한민국의 노동법과 세무법을 이해하는 사람이라면 알겠지만, 쉽지 않은 길이다. 만약 단순히 금전적 성공이 목표였다면, 기업을 운영하는 대표보다는 자영업을 선택하는 것이 더 나았을지도 모른다. 그러나 나는 이 시장을 혁신하고 싶었다. 그리고 그 믿음이 있었기에 수많은 어려움 속에서도 흔들리지 않을 수 있었다. 5년 후, 10년 후, 시간이 흘러도 변치 않는 초심, 그리고 수많은 장애물이 닥쳐올 때마다 다시 일어설 수 있는 힘은 바로 이 신념에서 나온다.

시장을 변화시키기 위해서는 단순한 열정만으로는 부족하다. 흔들리지 않는 뚝심, 목표를 향한 끊임없는 노력, 그리고 함께하는 직원들의 노력이 절대적으로 필요하다. 혁신은 하루아침에 이루어지지 않는다. 하지만 우리가 함께 나아간다면, 아이트럭은 분명 트럭 거래 시장을 더 투명하고 공정한 곳으로 바꿔나갈 것이다.

"덕(德)을 쌓아라."

처음에 아버지 회사에 들어와서 경영을 시작할 때 제일 많이 하셨던 말씀이다. 처음에는 내가 오만했다. 단순한 덕목만으로 회사를 이끌 수 있다고 생각했고, 나의 기존 지식과 능력만으로도 충분하다고 믿었다. 그러나 시간이 지나면서 리더는 사람에게 좋은 영향력을 주고 덕으로 사람들을 다스릴 수 있으며, 하나의 팀으로 묶을 수 있어야 한다는 것을 깨달았다. 그리고 이러한 능력이야말로 기업 성공의 중요한 요소 중 하나라는 사실을 알게 되었다. 오늘날 직장에서는 세대 간의 변화가 일어나고 있으며, 기존의 기업 구조와 새롭게 떠오르는 MZ 세대 간의 충돌이 빈번하게 발생하고 있다. 전통적으로 유교적 가치관은 충성심을 당연히 요구해 오며 중요한 덕목으로 강조해 왔다. 과거에는 충성이 부족한 사람들을 조직의 배신자로 낙인찍기도 했다. 하지만 이제 한국 사회는 맹목적인 충성보다는 합리적인 사고와 공정한 보상을 중시하는 방향으로 변화하고 있다. 오늘날의 사회에서 '충성심'은 리더에 의해 형성된다. 리더가 어떻게 행동하고 소통하느냐에 따라 직원들은 충성할 수도 있고, 반발할 수도 있다. 리더로서 말뿐만 아니라 신뢰와 헌신을 불러일으키는 행동을 통해 항상 모범을 보이며 덕을 쌓아야 한다.

"위대한 일을 하려면 당신이 하는 일을 사랑해야 한다."

혁신의 아이콘 스티브 잡스는 일에 대한 열정의 중요성을 믿었으며 새로운 아이디어를 실현하기 위해 위험을 감수하는 것을 두려워하지 않았다. 그는 혁신의 강력한 옹호자였으며, 창의성이 성공의 필수 요소라고 믿었다. 잡스는 높은 기준과 탁월함을 추구하는 걸로 유명했으며, 그로 인해 항상 팀은 최고의 결과를 내도록 동기부여를 받았고 회사의 문화를 이끌었다. 잡스가 항상 꽃길만 걸었던 건 아니다. 2012년 애플 맵스를 출시했을 때, 초기 버전의 부정확한 정보, 내비게이션 오류 등으로 사용자들의 비판과 반발을 받았다. 이 당시 잡스는 공개적으로 결함을 인정했으며, 이 사건은 도전적인 프로젝트와 관련된 회사의 리스크를 보여주는 순간이었다. 문제를 인정함으로써 고객과의 신뢰를 유지했고, 기술 투자 등으로 기능의 정확성을 높이기 위해 기업 인수도 마다하지 않았다. 이런 조치들로 애플 맵스 개선을 위한 기초를 마련하여, 훨씬 더 나은 제품으로 발전했다. 기업에는 항상 여러 문제들이 발생하는데, 실패하더라도 현명한 대응능력과 다시 일어설 수 있는 의지만 있다면 기업의 발전과 연속성은 계속될 수 있다.

"대표가 하는 일은 유리를 씹어 먹는 고통과 같다."

일론 머스크가 이렇게 표현한 이유는, 기업 경영에서 가장 어렵고 피하고 싶은 일, 그러나 반드시 해결해야 하는 문제들이 결국 대표의 몫이기 때문이다. 회사가 직면한 수많은 난제 중 가장 난이도가 높고, 반드시 해결해야 하는 문제들은 대표가 직접 나서야 한다. 그렇기에 대표라는 자리는 단순한 직책이 아니라, 자신의 일에 대한 깊은 애정과 사명감 없이는 감당할 수 없는 자리다.

회사를 운영하는 동안, 대표는 하루에도 수없이 많은 결정을 내린다. 그리고 그 작은 하나의 판단이 기업의 미래를 좌우할 수도 있다는 사실을 항상 명심해야 한다. 사소해 보이는 결정이라도, 그것이 회사를 더 나은 방향으로 이끄느냐, 위기로 몰아넣느냐를 가르는 중요한 변수가 될 수 있다.

나는 매일 밤 잠들기 전, 오늘 내가 내린 결정과 지시 중 실수는 없었는지 되돌아본다. 그리고 어떤 판단도 가볍게 여기지 않으려 한다. 크고 작은 판단의 구분은 없다. 모든 판단에는 무게가 있으며, 대표는 그 책임을 온전히 짊어져야 한다. 그것이 내가 대표로서 가져야 할 태도이며, 회사를 이끄는 원칙이다.

트럭시장의 혁신,
여성 대표라서 더욱 가능하다!

2023년 기준으로 대한민국 여성 대표 및 임원급 여성 비율은 약 10% 정도 된다는 통계적 수치가 있다. 여성은 사회에서 남성보다 승진하기 어렵고, 사업하기 어렵다는 편견이 있지만 사실 주위를 둘러보면 대한민국에 그리고 전 세계적으로 훌륭한 여성 대표들과 정치인들이 있다.

나는 아들 둘 엄마이자, 경력단절 2년 차 때 운수업에 뛰어들었다. 금융업에서 10여 년 정도 경력을 쌓고, 운수업에 뛰어든다는 건 나에게 또 다른 도전이었다. 다시 실무로 돌아가, 현장을 돌아다니며 지식을 쌓고, 시장의 문제점과 동시에 기회를 엿보았다. 화물 현장에서 실무를 뛰다 보면 나는 대표님이 아닌 '아가씨'로 불린다. 회사의 대표임에도 불구하고 여성이기 때문에 많은 연세 있는 기사님들은 나를 아가씨로 호칭한다. 근데 오늘까지도 그런 직함,

직위는 나에게 중요하지 않다. 아이트럭의 목표는 오직 트럭시장의 선진화, 거래의 투명성이며, 그 과정에 있는 많은 이슈들은 우리가 극복해내야 하는 과제이다.

"대표님이시라고요? 어쩌다가 트럭을 하게 되셨어요?"

내가 어떤 일을 하는지 설명을 하면 항상 듣게 되는 질문이다. 터프하고 남성 주도적인 시장에서 기사님들 입장에서는 특히 더 어린 여성 대표가 과연 이 업을 어떻게 하고 있는지 많이들 궁금해하신다. 그런데 현실을 보면 나는 내가 여성 대표이기 때문에 트럭 거래 시장을 더 빠르게 혁신시킬 수 있는 힘이 있다고 본다. 처음 아이트럭 앱을 기획·개발하고 트럭 매물이 필요할 시기에 나와 우리 회사의 첫 직원이었던 영업팀장과 둘이서 전국을 돌아다녔다. 대한민국 지도를 펼쳐서 우리나라에 존재하고 있는 모든 트럭 매매상사들을 나열하고 동선을 정해서 한 달에 반은 매매 상사에 방문하며 아이트럭 앱 사용방법과 회원가입을 유도했다. 가입을 시키면서 모든 딜러분들께 아이트럭 앱에 대한 피드백도 놓치지 않았다.

사실 딜러 가입을 유도할 때 내가 여성 대표인 건 아주 큰 장점이었다. 영업팀장이 매매상사에 들어가서 팸플릿을 돌리면 이런 거래처 너무 많다며 귀찮으니 나가라는 식의 태도가 대부분이었다. 하지만 남성들만 있는 장소인 트럭 매매상사에 내가 들어가면 딜러분들이 눈이 휘둥그레지면서 어떤 일로 방문하셨는지 물어보시고, 트럭거래 플랫폼을 운영하고 있는 대표라고 소개하면 음료수를 가져다주시면서 사업 동기에 대한 스토리를 듣고 싶어 테이블로 많이 모여들었다. 그럼 그때 아이트럭의 스토리와 우리의 사명감, 그리고 서비스에 대해서 자연스럽게 설명할 수 있는 기회가 주어졌고, 그걸 들은 딜러분들은 모두 회원가입으로 이루어졌다. 그렇게 영업팀장과 둘이 약 6개월 동안 전국을 돌아다니면서 1,000여 명의 트럭 딜러분들을 가입시켰다. 초기 아이트럭 론칭 때 승용 플랫폼을 운영하고 있는 어느 대기업에서 연락이 와서 본인들도 2018년에 트럭 딜러분들을 가입시키고 확장시키려고 노력했지만, 트럭 딜러분들은 가입 자체가 불가능했다고 회상하면서, 아이트럭에도 어려운 과제일 것이라고 했었다. 하지만 6개월 동안 1,000명 가입이라는 숫자는 그 당시 상용시장에서는 없었던 숫자이고 아이트럭에 큰 힘이 되는 시작점이었다. 한 번은 제주도에 세미나가 있어 근처에 있는 트럭 매매상사에 혼자 방문한 적이 있었는데, 그때도 여성이 혼자 땀을 뻘뻘 흘리면서 영업하는 모습이 안쓰러웠는지, 딜러분들이 서로를 소개해주며 2시간 동안 50명 이상의 회원가입이 일어난 적도 있었다. 아직도 그때 회원가입을 해주신 초기 딜러분들은 아이트럭을 항상 지원 해주시고, 우리가 신사업을 확장하거나 궁금한 질문이 있을 때 항상 도와주고 계신다.

남성들이 주도하는 시장에 있는 여성 대표는 기억에도 잘 남기 마련이다. 나는 한 번 거래처를 뚫고 영업을 하고 나면, 거래가 성사되지 않더라도 아이트럭을 잊는 거래처는 없었다.

승용 모빌리티 시장에서 성공한 훌륭한 여성 대표님도 계신다. "세상을 살면서 이런 서비스는 꼭 있었으면 좋겠다"라며 비즈니스 모델을 만드는 일에 앞장서는 개척자인 '카123'의 송윤화 대표는 모빌리티 시장에 최초의 여성 대표로서, 그 당시 낙후되어있던 승용차 시장에 뛰어들어 렌탈 서비스 전문회사로 장기 렌트, 단기 렌트, 자동차 정비 서비스 등을 제공하고 있다. 아들 둘 엄마이자, 사업가인 송윤화 대표는 첫째를 출산하고 3개월 후 회사를 위해 바로 복직했다. 엄마로서 모유 수유도 끝까지 해내고 싶은 마음에 유축 후 냉동, 배달, 그리고 젖몸살까지 힘든 시간을 보냈다. 그러다 둘째를 출산 후 1년간 육아휴직을 하게 됐다. 육아휴직을 하면 일과 회사가 어려워질 거라고 생각하고 고민이 많았지만, 막상 1년을 쉬고 회사에 복귀하니 훨씬 더 에너제틱해지고 업무에 집중할 수 있게 되었다. 육아휴직을 직접 경험한 송윤화 대표는 그때부터 여자직원이든 남자직원이든 '카123'에서는 육아휴직을 당당히 쓸 수 있는 문화를 만들었다. 전체적인 일의 효율성을 떨어트린다고 생각하는 회사도 있겠지만, 25년 동안의 경험상 절대 그렇지 않다고 확신한다. 떠난 기간만큼 남아 있는 직원들이 책임감을 갖고 업무를 하며 서로가 서로를 지켜주기 때문에 회사에 대한 충성도가 높아진다고 이야기한다. 자동차 리스/렌탈 시장은 영업이나 접대는 기본이었다. 하지만 송윤화 대표는 "나는 그냥 올곧게 나의 길을 가면 된다"라는 이념하에 접대는 절대 하지 않았다. 사실 여성 대표라는 현실적인 이유로 접대가 어려웠지만, 시간이 지나면서 송윤화 대표만의 정체성이 확립되었고, 일을 맡기면 정말 잘하는 사람이라는 이미지로 자리 잡게 되었다. 투명하지 않던 시장에서 투명성을 강조하며 그 길을 묵묵히 걸어가면 눈에 더 띄기 마련이다. 이런 부분들이 '카123'의 긍정적인 조직문화와 기업문화를 만들어냈다. 또한, 투명 확보 차원에서 창업 후 지금까지도 매년 외부감사를 받는다. 초기에는 필수적인 것도 아니었지만 매년 명확하게 주주들에게, 직원들에게, 그리고 고객들에게 알려야겠다는 이념하에 계속 진행해 오고 있다. 남성 중심적이고 경쟁이 치열하며 터프한 모빌리티 시장에서, 여성 대표로서의 섬세함, 명확함, 그리고 투명성이 지금의 '카123'이 살아남고 성과를 내게 한 원동력이 되었다.

여성 대표들은 남성대표들에 비해 장점들이 많다. 강한 공감 능력과 소통력은 기업 운영에서 두각을 나타내며 회사를 성공적으로 이끄는 데 있어 조직 내에서 신뢰를 쌓고 창의성을 자극하는 데 중요한 역할을 한다. 일반적으로 섬세하고 세밀한 리더십으로 조직 내의 세부사항들을 주의 깊게 관리하고 이 점은 제품 품질관리나 고객 서비스 측면에서 중요하게 작용한다. 또한, 다양한 배경과 경험을 가진 사람들의 의견을 경청하며, 조직 내의 문제가 있을 때 해결하는 방안으로 높이 평가된다. 또한, 다양한 의견을 존중함으로써 더 많은 아이디어와 더 나은 결정을 내리는데 기여할 수 있다.

글로벌 러시(GLOBAL RUSH)
: 아이트럭의 세계화

어릴 때부터 항상 듣던 말은 "꿈은 크게 가져라"라는 것이었다. 세계에서 제일 좋은 대학을 가겠다는 목표를 세우고 계획을 짜서 공부하면, 그 목표에 가까운 대학에 갈 수 있는 실력이 자연스럽게 만들어진다는 이론에서 비롯된 말이었다. 그래서 항상 나는 목표를 정할 때 5년 후 10년 후의 그림을 그리고, 그 방향에 맞는 올해의 '해야 할 일'을 짜고 실행을 하는 편이다. 감사하게도 이제까지는 목표를 짜고 계획을 성실하게 실행하면 항상 원하는 바를 이룰 수 있었다. 시간이 지연될 때도 있고 좌절할 때도 많았지만, 포기만 하지 않으면 결국 언젠가는 원하는 목표를 위한 방법에 대한 깨달음이 오고, 부단히 노력하면 된다는 경험을 하며 여기까지 왔다. 아이트럭을 창업할 때도 중고트럭 거래 플랫폼이라는 콘셉트로 시작했지만, 나는 아직 상용차 시장에는 없는 인증 상용차, 금융의

확대, 부품, 수출 사업까지도 장기적으로 계획하고 있었다. 그렇게 되면 국내 시장에서는 화물의 모든 것을 담는 아이트럭으로서 입지를 다질 것이다. 이뿐만 아니라 국내에서 자리를 다지면 무조건 글로벌로 확장해서 더 큰 마켓을 타깃팅해야 한다. 해외에 대한 가능성도 미래가 밝기 때문에, 나라를 하나씩 지정해서 확장해 나간다면 글로벌 진출은 필수적이라고 본다. 또한, 뉴욕, 런던, 싱가폴, 일본 등에서 일해 본 경험이 있기 때문에 글로벌 확장에 대한 메리트도 갖고 있다고 생각한다.

중고트럭 거래의 영역은 해외에서도 아직은 낙후된 시장이다. 아이트럭 3년 차에 미국의 운수회사와도 협약을 맺었다. 협약을 맺은 이유는 당장의 매출의 시너지보다 서로의 시장에 대한 이해를 돕기 위한 업무협약(MOU)이었다. 대표님이 한국에 나오실 때면 미국 시장에 대한 동향을 살피고 분석하면서 관계를 형성해 나갔다. 미국은 우리나라보다 땅이 넓기 때문에 한번 기사님이 짐을 싣고 운송을 시작하면, 일주일 혹은 한 달의 여정이 된다. 그렇기 때문에 트럭의 길이도 훨씬 길고 크기도 큰 트럭들이 많이 있다. 미국에서도 승용차 거래 플랫폼은 많이 활성화가 되어있지만, 트럭은 아직도 오프라인 위주로 거래가 되고 있다. 우리가 업무 협약을 맺은 미국 운송회사도 트럭을 처분할 때 중고트럭 매매 상사에 맡기는데, 온라인 플랫폼이 아닌 오프라인 상사들에게 입소문이나 네트워킹을 통해 거래하는 실정이다. 그렇기 때문에 중고트럭에 대한 시세도 기준점이 모호하다. 그런 면에서 시장의 문제점이 공존하기 때문에 아이트럭이 미국에서 기업들(B2B)을 상대로 중고트럭 거래를 중개한다면 충분한 시장성이 있다고 보고 있다. 아직 미국에서도 중고트럭 기업을 대상으로 하는 플랫폼 회사는 부재하기 때문에 아이트럭이 해외에서도 게임체인저로서 시장을 혁신할 수 있는 기회가 있다고 본다.

미국뿐만 아니라 동남아 시장에서는 트럭 수출이 용이하다. 우리나라 1톤 트럭들이 디젤에서 전기 트럭으로 바뀌고 있다. 디젤 트럭 배기가스 배출로 인한 대기 오염을 통제하고 공중 보건을 보호하기 위한 규제다. 1톤 디젤 트럭을 전기자동차로 전환하도록 요구하는 것은 2050년까지 배기가스를 줄이고 대기 질을 개선하며 탄소 중립을 달성하려는 국가의 광범위한 환경 전략의 일부이다. 동남아 시장에서는 한국 트럭에 대한 수요가 높다. 정부는 전기 트럭 구매 초기 비용을 줄이기 위해 상당한 보조금을 지원하는 등 2050년까지 탄소 순배출 제로를 달성하기 위해 노력하고 있다. 이런 상황에서 아이트럭에는 기회가 될 수 있다. 동남아에서는 트럭 수요가 계속 늘고 있다. 동남아시아 각국 정부는 도로, 다리, 항구 등 인프라에 대규모 투자를 하고 있으며, 이는 건설과 물류를 지원하기 위한 트럭 수요를 창출하고 있다. 그렇기 때문에 아이트럭이 한국에서는 규제 때문에 더 이상 운행하기 어려운 디젤 트럭을 동남아에 직접 수출한다면 새로운 매출의 기회를 볼 수 있다. 내수시장에서 거래되기 어려운 중고트럭을 직접 수출하는 것뿐만 아니라, 중고트럭 거래 시장을 분석해서 그 나라에서의 운영까지도 고려해 볼 수 있다.

최근에는 일본 상용시장에서 가장 큰 경매 회사도 아이트럭에 방문을 했다. 해외 바이어들이 일본에서 상용차를 수출하고 있는데, 한국 상품들이 요새 인기가 있다는 이유에서였다. 당장 비즈니스를 시작하기보다는 서로의 시장을 공부하고 같이 기회를 창출해 보자는 취지였다. 직접 당사에 방문해 각자의 회사 소개와 각 나라의 시장 소개를 하고, 어떤 식으로 협업하는 비즈니스를 진행할 수 있을지에 대한 아이디어도 공유했다. 사실 일본 경매 회사 입장에서는 한국의 중고트럭 매물을 그들의 고객에게 소개하는 좋은 기회가 될 수도 있고, 아이트럭 입장에서는 수출 판로라는 확장의 개념이 생길 수도 있다. 올해 초 한국에서의 미팅을 마치고, 하반기에는 아이트럭이 일본에 가서 직접 회사에 방문할 계획이다.

온라인으로 전 세계가 연결되어 있는 요즘 시대에 글로벌 확장은 옵션이 아니라 필수다. '중고트럭'이라는 상품으로, 미국, 동남아, 일본 등 충분히 확장해 나갈 수 있는 가능성이 있다. 국가마다 문화가 다르고, 시장이 다를 수 있지만, 한 국가에서의 성공사례를 바탕으로 한국뿐만 아닌 세계적으로 확장해 나간다면, 더 큰 시장에서 더 많은 걸 도전해 볼 수 있는 기회라고 본다.

(HOW TO) THINK SMART
: 게임체인저의 기본원칙

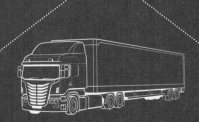

'고민'만 하지 말고 일단 '당장 행동'해 보자

　통계적으로 보면 사업 아이디어는 전체 인구의 반 이상이 갖고 있지만, 이 아이디어를 정말 실행에 옮기는 사람은 0.1%도 되지 않는다. 실행하지 않으면, 아이디어, 계획, 전략을 실질적인 결과로 바꿀 수가 없다. 아이디어는 단지 시작점일 뿐이다. 많은 기업들이 실패하는 경우는 전략에 결함이 있어서가 아니라 실행에 어려움을 겪었기 때문이다. 우리가 애플(APPLE)을 보면 사실 경쟁업체가 똑같은 아이디어로 유사한 기술에 접근할 수는 있겠지만, 디자인, 마케팅, 실행 능력에서 애플은 특별했다고 생각한다.

　또한, 모두가 잘 알고 있는 현대그룹의 창업자인 정주영 회장의 리더십 철학과 "해봤어?"라는 질문에 많은 의미가 포함되어 있다. 현대는 한국의 역량을 의심하는 글로벌 업체들의 회의적 시각에도 불구하고, 1970년대 조선업에 진출해 현대중공업을 조선 분야의 글로벌 리더로 성장시켰다. 이뿐만 아니라 한국 최초의 제철소 프로젝트를 지원함으로써 그의 '처음 시도'를 두려워하지 않는 사고방식은 현재 세계 현대제철이 최고의 철강 생산업체 중 하나가 되는 기반을 마련했다.

사실 나도 아이트럭 비즈니스에 대한 모델을 생각하고 실행하는 데까지 많은 고민이 뒤따랐다. '정말 내가 할 수 있을까?'라는 의구심을 극복하는 마음가짐을 갖는 것부터 시작해서, '이것을 통해 무엇을 얻을 것인가? 내가 정말 이 사업을 하는 이유는? 비전은?' 등등…. 그런데 계속 고민만 할 때는 진전이 없고 앞이 잘 보이지 않았지만, 막상 계획을 갖고 시작을 해보니 안 보이던 해결책들이 눈에 보이기 시작했다. 아이트럭을 초반에 창업할 때, 우리나라에 중고트럭 거래는 100% 오프라인에서 알음알음 소개로 이루어지고 있었기 때문에, '정말 이 플랫폼이 시장에서 필요로 할까, 내가 생각하고 있는 시장의 폐쇄성과 불공정 거래들이 과연 시장의 문제점으로 인식되고 있는 게 맞을까?' 등 수많은 가설을 세우고 하나씩 고민만 늘어가던 시기였다.

그러다가 일단 지금 갖고 있는 가설로 베타 플랫폼을 만들어 보자며 마음을 먹고, 정부지원금 중 일부로 플랫폼 개발을 시작했다. 걱정하기에 앞서 일단 만들어보고, 만들어진 플랫폼으로 테스트를 해보자는 생각이었다. 만드는 과정에 있어서 가설을 세운 대로 기획서를 작성하고, 한 섹션의 기획서가 나올 때마다 바로 고객들을 찾아갔다. 일단 차량을 판매하는 딜러분들을 만나서 기능의 편의성에 대해 계속 소통하고, 차량 판매를 할 때 어떤 부분이 제일 필요하고, 어떤 부분이 제일 불편한지에 대해서 여러 명을 찾아가 계속 소통했다. 또한, 기사님들에게도 찾아가서 차량을 구매할 때 가장 걱정이 되는 부분이 어떤 게 있는지, 사기를 당한 경험에 대해서도 경청하면서 플랫폼에 녹일 수 있는 장치를 계속 생각해서 기술로 개선할 수 있는 부분은 바로 개발했다.

그렇게 수개월이 지나 베타 플랫폼을 론칭했고, 론칭한 지 6개월 만에 전국에 있는 상용차 딜러분들 (차량 판매자)이 1,000명 이상 가입했다. 천 명이라고 하면 어떤 의미인지 잘 안 와닿을 수 있겠지만, 승용차 플랫폼이 아닌, 오프라인에서만 거래했던 상용차 시장에서 딜러분들이 플랫폼에 단시간 내에 가입한다는 건 굉장히 의미 있는 성과였다. 아이트럭이 시작하기 전 여러 대기업에서도 상용차 거래 플랫폼까지 확장하기 위해 부단히 많은 노력을 했지만 많은 마케팅 비용을 지불했음에도 불구하고 딜러 100명도 채우지 못한 채 접은 사례도 많았기 때문에, 아이트럭의 성과는 굉장히 유의미했다. 그리고 베타 플랫폼을 론칭한 지 3개월도 채 되기 전에 금융사, 특장업체 등 많은 기업들이 협력에 대한 의지를 갖고 회사에 방문했다.

초반에 많은 고민을 하며 아이트럭을 창업하고 베타 플랫폼까지 론칭 하고 나서 느낀 점이 두 가지가 있었다. 하나는, 내가 갖고 있는 고민들을 펼쳐놓고 가설을 세우되, 고객과 끊임없이 소통이 필요하다는 점. 그리고 또 하나는 일단 실행에 옮겨서 시도해 보자는 점이다.

이렇게 초반의 경험이 내가 아이트럭을 운영하는 데에 많은 도움을 주었다. 지금도 우리 팀은 지속적으로 고객과 소통하고, 일단 될 때까지 해보자는 마음가짐에 바탕한 실행의 중요성이 문화로 자리 잡혀 있다.

현명한 실행이 얼마나 중요한지를 강조한 대표적인 인물이 바로 아마존 창립자이자 전 CEO인 제프 베조스이다. 그는 특히 아마존의 성공과 관련하여 전략적 의사 결정 및 실행의 가치에 대해 자주 언급했다.

"비전에는 완고하되 세부사항에는 융통성을 가지세요"

이는 최종목표는 명확해야 하지만 실행에는 중간에 예상하지 못했던 문제점들을 분석하고 그 상황에 맞는 최선의 판단과 결정을 내릴 수 있는 적응력이 필요하다는 그의 믿음을 반영한다. 아이트럭도 처음 플랫폼을 만들 때 중고트럭을 투명하고 편리하게 거래할 수 있는 목표를 두고 기획단계에서 고객의 목소리에 맞추어 여러 번 수정을 한 경험이 있다. 사실 지금까지도 고객의 목소리를 반영하여 계속 플랫폼을 고도화시키고 있다.

아마존의 성공을 보면 단순한 제품 판매가 아닌 데이터 기반 통찰력과 운영 효율성에 집중하는 데서 비롯되었다. 현명한 실행에는 고객 경험에 맞춰 지속해서 프로세스를 최적화하는 것이 포함된다. 사실 이는 모든 기업에 해당되고 모든 기업이 필수적으로 가져가야 할 요소라고 본다.

하루 종일 내 머릿속에 많은 생각들이 맴돈다. 고민하는 생각들 중 한 번도 해보지 않은 분야라면, 나는 일단 실행에 옮겨서 결과를 확인해본다. 단, 스마트하게 실행해야 한다. 창업도 마찬가지다. 창업하기 전 많은 고민들이 들겠지만, 일단 생각에 주저하지 말고 시작해보자. 벤 호로위츠 (Ben Horowitz)는 옵스웨어의 공동창업자 및 벤처 투자자로서 스타트업을 운영하는 것은 어려운 결정이며, 혼란을 수용하는 과정이라고 말한 적이 있다. 하지만 그는 또한 스타트업 운영이 가장 보람 있는 경험 중 하나라고 강조했다. 다시 한번 말하자면, 창업하기 전에 많은 고민이 들겠지만, 그 고민에 머물지 말고 일단 시작해보자!

윈윈 전략으로 결과를
예측하고 분석하라

회사를 운영하다 보면 판단을 내려야 하는 일들이 굉장히 많다. 각 상황에 맞는 결정을 내리는 것이 회사의 성장과 성공에 중요한 영향을 미친다. 그 판단에 의해 회사의 방향이나 미래가 결정되고 생존이 좌우된다. 전략을 세울 때는, 무엇을 위해 싸우는가, 어떻게 할 것인가, 무엇을 할 것인지에 대한 플랜을 짜는 것도 중요하지만, 본인이 진정 원하는 것이 무엇인가를 먼저 파악하고, 상대를 분석하는 법도 필요하다. 그래서 필요한 전략이 '윈윈전략'이다.

사실 이 윈윈전략은 모든 문제 해결이나 협상에 중요하게 작용한다. 윈윈전략은 양사가 모두 진정으로 필요한 게 맞아떨어질 때 발휘된다. 구두로 그럴싸하게 포장된 가짜 윈윈전략, 한쪽을 깎아먹는 게임은 초반에 진행이 되더라도 오래가지 못한다. 나는 이 윈윈전략을 아이트럭을 창업하고 초기 투자를 받을 때, 딜을 검토하는 투자사들과 이야기를 나누면서 배웠다. 스타트업의 대표로서 투자사로부터 투자금을 받아야 할 때, 특히나 서로의 니즈를 정확히 파악하고 양쪽이 필요로 하고 도움이 될 때, 목표치가 같을 때 비로소 투자는 이루어진다. 서로의 파이를 키워 함께 성장하는 것, 이게 진정한 윈윈전략이다.

스타트업의 대표로서 투자자의 입장을 이해하고 파악하는 것, 그리고 투자자의 입장에서 스타트업이 필요한 니즈를 파악하는 것이 윈윈전략의 핵심이다. 일단 초기투자 단계에서의 스타트업 입장부터 생각을 해보면 사업을 진행하기 위한 초기 자금의 조달 부분이 있을 수 있겠다. 그리고 TIPS 프로그램의 경우 정부 과제를 신청하기 위해서는 최소 1억 원 이상을 투자사에게 투자를 받는 게 선행이 되는 필수 조건이기 때문에 회사의 지분 희석 없이 최대 6억을 받을 수 있는 기회를 얻기 위해 투자자를 원하는 경우도 있을 것이다. 투자사의 입장에서는 초기 기업 밸류가 높지 않을 때 회사의 가능성을 보고 투자를 할 것이다. 이 회사의 비즈니스 모델이 매력적인지, 시장에 정확한 문제점이 있는지, 이 문제점을 해결할 수 있는 능력이 있는 팀인지, 수익을 창출할 가능성이 있는지 등, 투자사의 입장에서도 유능한 회사를 발굴하고 발 빠르게 투자하고 싶어 한다.

사실, 회사든 투자사든 모두 추구하는 목표는 회사가 잘되기를 바라는 것이다. TIPS를 위한 연계 투자가 필요한 스타트업이라면 TIPS연계가 가능한 투자사를 찾을 것이고, 정말 투자 자체가 필요한 금전적인 현금이 필요한 회사라면 투자사와 네고 하는 타협점과 결과도 달라질 것이다. 투자사 입장에서도 어떤 펀드를 갖고 있는지, 예를 들어 지방펀드로서 꼭 지방에 있는 스타트업에게만 투자를 해야 하는 조건인지, 아니면 AI펀드로서 AI기술과 관련된 회사에 투자를 해야 하는지 등에 따라 서로의 니즈와 조건이 달라질 수 있다. 내가 투자사와 커뮤니케이션을 할 때, 가장 중요하다고 생각한 부분은 사실 사람이 하는 일이기 때문에 진정성을 갖고 이야기하는 것이다. 진심을 담아 소통하는 것이 신뢰를 쌓는 데 중요한 역할을 한다고 믿는다. 내가 이 비즈니스를 왜 하려고 하는지, 어떻게 실현할 건지 등 솔직하게 커뮤니케이션하는 게 중요하고, 얼마나 이 업에 대한 열정이 있는지를 보여주는 게 좋다. 서로의 입장에서 상대가 원하는 걸 정확히 이해하고 파악하는 것이 윈윈 전략의 핵심이다.

사실 회사 내에서도 직원들의 성장이 곧 회사의 성장이라고 볼 수 있다. 직원들이 발전하고 성과를 이루면, 그만큼 회사도 함께 성장하는 구조이기 때문이다. 그러기 위해서는 업무능력을 적절히 평가하고 잘하는 직원들에게는 회사에서 그에 상응하는 보상을 주는 것이 필수적이다. 많은 경우 직원들의 입장과 회사의 입장이 달라 관리하기 어렵다. 하지만 사실 직원들과 회사는 한 팀이며 서로 목적도 같다. 직원들이 열심히 해주는 만큼 회사는 성장할 것이고, 이익을 창출할 수 있다. 그리고 회사는 그에 대한 보상으로 직원들에게 더 좋은 복지나 연봉을 제공할 수 있다.

이와 같은 원원전략에서 성공한 회사도, 실패한 회사도 있다. 대한민국의 아마존으로 불리는 쿠팡은 2021년 3월 뉴욕증권거래소(NYSE)에 성공적으로 상장했다. 쿠팡의 성공은 당일배송, 새벽배송 등 신속한 배송 서비스를 제공하는 한국의 탄탄한 물류 네트워크에 힘입어, 로켓배송, 로켓프레시(식료품) 등 차별화된 서비스를 통해 통합생태계를 구축한 데에 있다.

안타깝게도 상장에 실패한 기업도 있다. 큐텐(Qoo10)의 대표는 물류 자회사 큐엑스프레스(Qxpress)를 나스닥에 상장하려다 큰 난관에 부딪혔다. 큐텐은 이커머스 1세대인 지마켓을 창업한 구 대표가 2010년 싱가포르에 설립한 기업이다. 티몬, 위메프프라이스 등 어려움을 겪고 있는 여러 전자상거래 플랫폼을 인수하는 등 그의 공격적인 인수 전략은 재무관리 실패로 이어졌다. 이미 막대한 부채를 안고 있었기 때문에 판매자에 대한 대금 지급이 지연되면서 더욱 불안정해졌다. 이들 자회사의 자금은 나스닥 상장을 지원하기 위해 전용된 것으로 알려져 법적, 대중적 반발을 불러일으켰다. 결국, 이러한 문제들은 상장 계획 실패와 명예훼손으로까지도 이어졌다.

"이길 수 없는 싸움은 시작하지 않는다."라는 말은, 상대의 니즈와 자신의 상황을 철저히 분석하여 승산이 없는 싸움은 피하라는 의미를 담고 있다. 이는 상대의 강점과 약점을 파악하고, 자신의 위치를 명확히 이해한 후에 전략을 수립해야 한다는 것을 강조한다.

나는 운수업의 첫 단추인 트럭거래 에서 혁신을 이루겠다는 신념으로 '아이트럭'을 창업하였고, 엑시트(exit)에 이르기까지 윈윈(win-win)전략이 회사의 성공에 필수적인 요소임을 깨달았다. 상호 이익을 추구하는 윈윈전략은 협상과 경영에서 모두가 만족할 수 있는 결과를 도출하는 데 핵심적인 역할을 한다.

《손자병법》에서도 "상대를 알고 나를 알면 백 번 싸워도 위태롭지 않다"라고 하였듯이, 철저한 분석과 전략 수립이 중요하다. 따라서, 상대와 자신의 상황을 면밀히 분석하고, 상호 이익을 추구하는 전략을 통해 협력하는 것이 기업의 성공과 지속 가능한 발전에 필수적 이다.

조직을 해치는 마이너스$^{(-)}$ 에너지, 조직을 살리는 플러스$^{(+)}$ 에너지

　사회생활을 20년 정도 해보니, 불평이 많고 부정적인 에너지를 가진 사람들의 결과가 어떠한지를 직접 보게 되었다. 결국, 그런 태도는 스스로의 성장뿐만 아니라 주변에도 부정적인 영향을 미치며, 원하는 성과를 이루기 어려운 경우가 많았다. 회사에 대한 불평불만, 복지에 대한 불만, 팀장에 대한 불만, 임원에 대한 불만, 업무 범위에 대한 불만, 셀 수 없을 만큼 본인이 처해 있는 상황과 모든 것들에 불만인 것으로 보이는 직원, 동료들이 있다. 그런 동료들은 이직이 잦았고, 짧은 기간에 이직이 많았기 때문에 지금 보면 승진을 하지 못한 채 만년 팀장과 같은 느낌으로 떠돌이 생활을 하는 분들이 많다. 다른 회사를 가면 더 좋아질 줄 알았지만 또 다른 부분에서 불만들이 있었고, 그 부분을 인내하고 내가 어떻게 노력할 수 있을까 하는 생각 대신 남 탓으로 돌리는 바로 그 기질이

똑똑한 그 사람들을 망치고 있다는 걸 깨닫지 못했다.

반대로 어떤 상황에서든 긍정적으로 생각하고, 최선을 다하며, 환경이 어렵다면 이 상황에서 내가 어떻게 발전할 수 있을지를 고민하고 인내했던 동료들은 지금 높은 연봉에 임원들이 되어 있다.

이미 결과들을 본 나는, 내가 사업을 시작했을 때, 직원을 뽑는 기준을 정확히 했다. 우리는 스타트업이기 때문에, 이미 안 될 이유가 너무 많고, 어려움이 너무 많은데 거기에 부정적인 에너지까지 더해주는 사람들을 주변에 둘 필요가 없다. 여기서 짚고 넘어가고 싶은 건, 체계적인 회사에 대한 조언과 불평불만은 전혀 다르다는 걸 이야기하고 싶다. 이렇게 에너지를 갉아먹는 사람들은 어떤 조직에서든 가치를 더하기 어렵다.

아이트럭에서는 아무리 업무의 성과가 좋아도 현재 처한 상황에 불만이 많거나, 나의 업무 범위에 대한 영역을 정확히 선을 긋고 협력이 안 되거나 하면 평가 때 불리한 연봉협상으로 이루어지는 체계다. 사실 평가에는 여러 가지 요소가 있는데, 성실성, 책임감, 능력평가 실적, 팀워크, 의사소통 능력, 아이트럭 문화와의 핏 등으로 나뉜다. 일단 팀원들은 성실성에 대한 요소를 중요하게 생각한다. 팀원의 입장에서 초기 입사 후 바로 결괏값을 내기란 현실적으로 어렵다고 생각한다. 그렇기 때문에, 팀원의 마인드, 자세, 업무를 대하는 태도 등에 대한 평가가 이루어진다. 아이트럭에서 주로 진행되는 일들은 엄청난 고난이도 분석이나 과학기술에 관련된 업무보다는, 할 수 있다는 마음과 성실성으로 결과치를 낼 수 있는 업무들이라 생각하기 때문에 기본적인 태도와 성실성으로 팀원들을 평가하게 된다. 나의 경험상, 태도가 좋고 성실했던 팀원들은 언젠가는 꼭 퍼포먼스가 올라오고, 또 그에 대한 보상을 회사에서 제공하기 때문에 가능성이 있다고 판단한다. 팀장의 경우에는 리더십, 기획력, 전문성까지 확장해서 평가한다. 팀원에게 회사에 대한 조직 목표를 이해시키며 소통하고, 직무에 필요한 지식이나 경험으로 문제의 핵심을 이해하고 결론을 내리는 능력이 있는지에 대한 평가가 추가로 이루어진다. 내가 항상 팀장들에게 공유하는 팀장 역할에 대한 가치관은, 팀원들에게 업무를 분배해서 진행되면 보고만 받는 팀장이 아니고, 회사의 목표를 정확히 팀원들에게 소통하며 방향성을 주고 팀원들이 부족한 부분들을 직접 업무를 도와주고, 언제나 솔선수범을 하는 모습을 보이며 성과를 내는 것이다. 그래야 팀원들에게 존경받을 수 있고, 리더십을 발휘할 수 있게 된다. 팀원으로부터 신뢰와 존경을 받는 건 솔선수범과 전문성 때문이지 그냥 "팀장"이라는 타이틀만으로는 팀워크에 시너지를 내거나 팀원들을 통솔하는 데 한계가 있다고 본다.

이런 인재들은 회사가 정말 위기에 부딪혔을 때 빛을 발한다. 시장이 좋을 때 직원들도 의욕적이고 투자도 쉽게 받고 하면서 매출이 올라올 수 있다. 그런데 정말 중요한 건 파도가 심하게 치는 시장에서다. 회사가 위기에 처했을 때, 같이 노를 젓겠느냐 아니면 선장 탓만 하느냐에 따라 회사의 운명이 결정된다. 스타트업이란 큰 배도 아니고, 모터도 없는 돛단배 신세다. 그런 배는 노를 젓는 인재들이 없을 때 뒤집히기 마련이다. 그렇기 때문에 대표는 더 겸손한 자세로 솔선수범하며, 팀장들의 어려운 부분들을 해결해 주고, 실무에 문제가 생겼을 때는 직접 뛰어들어서 해결하는 적극성도 필요하다. 아이트럭에서는 전문성과 실적이 좋아도, 본인 업무에 한계를 두고 긍정적으로 생각하지 못하는 직원들은 자연스럽게 회사와 헤어지는 경우가 많다. 아이트럭은 아직 규모가 그리 크지 않은 회사이지만, 수습 3개월 동안 공정하고 객관적인 평가 후 정직원으로 전환이 되는 시스템을 갖고 있다. 보통 수습을 통과하는 직원들은 50% 정도밖에 되지 않아 회사의 퇴사율은 높지만, 이런 건강한 체계를 통해 우리와 문화가 맞고 발전 가능성이 있는 인재들로 급격하게 성장할 수 있었다고 본다. 내가 아이트럭 직원들에 대해 자랑스럽게 생각하고 하나 확실할 수 있는 건, 회사 체계에 부합하는 수습 기간을 통과하고 1년 이상 우리 회사에 있던 직원들은 어느 곳에 이직을 해도 모든 면에서 업무를 수행할 수 있다는 성실함, 책임감, 실적이다.

한 회사의 대표가 되어 불만 있는 직원들을 마주할 때, 힘든 순간, 인내해야 하는 순간들이 찾아온다. 하루에도 몇 번씩 본인의 감정을 누르고 이성적으로 판단해야 하는 순간들이 있다. 말은 쉽지만, 막상 실행으로 옮기기에는 참 힘든 순간들이고, 나 역시 경영 초기에는 이 순간들이 오면 실수를 한 경험도 여러 번 있다. 이성적 자아를 끌어낼 때 내가 자주 하는 기법은 작업에만 초점을 맞추고 내가 원하는 결과에만 집중하려고 노력하는 것이다. 일단 스트레스 상황에서 내가 어떤 식으로 행동하는지 분석을 해보는 게 중요하다. 그리고 그 순간 내가 내렸던 의사결정들을 살펴보고 그중에 비효율적이었던 것에 집중해 보며 패턴을 살펴보면 좋다. 내가 자주 쓰는 기법 중 하나는 화가 났을 때 스스로 화가 났다는 감정을 인지하고 응시하며, 가장 위험한 나의 자존심에 대해 거리를 두려고 노력하는 것이다. 사실 말은 쉽지만, 이를 실제 행동으로 옮기는 것은 결코 쉽지 않다. 그러나 끊임없이 노력하고 연습을 반복하는 대표와 아무런 고민 없이 행동하는 대표의 미래는 분명 크게 달라질 것이다. 훈련과 연습을 통해 무의식적으로 반응하던 감정에 대해 '생각'하기 시작할 것이고, 그렇게 본보기가 된 대표는 직원들을 통솔하는 데 큰 힘을 얻을 것이다.

직원, 시스템으로 관리하되 신뢰로 함께하라

내가 창업을 하기 전까지, 그리고 경영을 하기 전까지는 나는 사람 보는 눈이 정말 좋다고 자부했다. 나의 '촉'은 잘 맞는다고 판단했고, 나의 '감'도 손색없다고 자부하고 있었다. 그런데 아이트럭을 창업하고 6개월 후에 경험을 통해 나는 내가 오만했음을 많이 깨달았다. 지금까지도 나는 사람 보는 눈을 키우는 건 어쩌면 불가능한 일이 아닐까 하는 생각을 종종 한다. 면접 때와 너무 다른 태도, 이력서에서 봤던 내용과는 다른 역량을 갖고 있는 친구들도 있었다. 특히나 회사가 작을 때는 사람을 뽑기가 더 힘들다. 사무실 환경이나, 업무 환경도 열악할 수밖에 없고, 그런 조건에서 인재를 찾기란 많은 노력을 요구한다. 최근 통계에 따르면 대한민국에는 900만 개 이상의 등록된 기업이 있다(대기업, 중소기업, 개인 사업자 모두 포함). 이렇게 많은 회사 중에 왜 우리 회사에서 일해야 하는지를 설명하고 설득할 수 있어야 한

다. 그러려면 대표와 경영진은 정확한 비전와과 방향성을 제시해야
한다.

"대표님, 구글애즈에 모든 계정이 삭제되어 있어요…"

마케팅 팀장이 책임감 없이 회사를 나간 직후의 일이다. 퇴사 시
모든 광고 계정까지 확인하지 못했기에 일어난 불상사다. 우리 회사
에 6개월 남짓 있었지만, 업무 퍼포먼스가 좋지 않아 본인이 포기하
고 퇴사 의사를 밝혔고, 퇴사 의사를 밝힌 당일에 인수인계도 없이
회사에 통보하고 그대로 나가버렸다.

"대표님, 디자인 파일에 아무것도 남아있지가 않아요."

우리 회사에 1년 남짓 있었던 디자이너가 징계를 받고 무단이탈을
하였다. 징계를 받은 사유는, 회사에 다니면서 직원들에게 같이 창업
을 하자고 유도한 뒤 업무시간에 창업에 대한 업무를 하고 있었기 때
문이다. 보다 못한 옆에 직원들이 인사팀장에게 보고했고, 본인은 그
런 적이 없다고 했지만, 이메일 등의 기록에 업무시간에 직원들을 유
도하고, 창업 업무를 한 기록이 남아있었다. 곱게 나간 것도 아니었
다. 인수인계도 되지 않은 상태에서 파일 삭제를 한 기록들 또한 있
었다.

"혹시 아이트럭 대표님이신가요? ○○○란 직원분이 저희 회사에 3
일 전에 입사하셨는데 잠시 통화 가능하실까요?

우리 회사 인사팀장으로 들어온 직원에 대한 내용이었다. 2개월
정도 회사를 다녔었고, 본인 개인 사정으로 인해 일주일 휴가를 쓴다
기에 없는 휴가를 부여했다. 알고 보니 이중취업이었다. 그쪽 회사 담

당자가 너무 이상하다고 생각해 전화한 것이고, 내용을 들어보니 이 중취업이었던 것이다.

이처럼 아이트럭을 창업하고 1년 남짓 한 시간에 정말 많은 경험들을 했다. 이제 겨우 3년 차 스타트업이지만 직원들로 인해 많은 고난과 어려움도 있었다. 요새는 온라인에 회사의 후기들을 쓸 수 있는데, 꼭 문제가 생겨서 나간 직원들이 회사에 대한 평판도 거짓으로 쓰곤 했다.

이런 경험들을 하고 나니, 처음에는 '직원들을 믿으면 안 되나? 도대체 누굴 믿고 일을 해야 하지? 면접 프로세스에 문제가 있나? 아직 우리 회사가 너무 작아서 좋은 인재들이 들어오지 않는 건가?' 등 정말 많은 고민의 나날이었다. 많은 주변 대표님들이 직원들은 절대 믿는 게 아니라고 말씀해주셨지만, 나는 태생이 누구를 잘 믿기도 했고, 내가 우리 직원들을 안 믿으면 어떻게 사업을 확장해야 하는지에 대한 고민도 많았다. 당연히 책임감도 강하고, 성실하게 일하는 직원들도 있었기에 내가 좌절하지 않고 계속 이어나갈 수 있었던 것 같다.

그렇게 1년, 2년 지나다 보니 조금은 알 것 같다. 일단은 면접 프로세스 시스템화, 신입직원 온보딩 (on-boarding) 등 우리만의 문화를 만들어서 신입사원들에게 교육이 필요하다고 느꼈다. 그리고 많은 직원들과 소통을 하면서 어떻게 소통하고, 리드해야 할지에 대해서도 아직도 배우고 있다.

그런데 중요하게 느낀 건, 대표는 덕(德)이 있어야 한다는 점이다. 많이 베풀어야 하고, 모범을 보이면서 제일 열심히 일하고, 직원들에게 항상 감사하는 마음을 가져야 한다. 어떻게 보면 대표도 사람인데, 힘든 일이지만 그럼에도 불구하고, 대표는 포용하고, 그러므로 존경받아야 가르칠 수 있다. 나쁜 짓을 하려고 하는 직원들도 사람이기 때문에, 시스템이 잘 갖춰져 있고 그 와중에 대표가 덕이 있으면 최소한의 양심은 지키려 든다. 시스템이 잘 갖춰져 있다는 건, 회사에 규율이 있다는 뜻이라고 생각한다. 우리 회사는 뭘 중요하게 생각하고, 뭘 하면 안 되고, 그런 것들이 자연스럽게 회사의 문화가 되고, 조직의 뿌리를 만들 수 있다.

나는 직원 관리가 힘들 땐, 항상 나를 돌아본다. 내가 그 직원에게 덕을 베풀었는가, 내가 그 직원에게 상처를 준 적은 없는가, 어떻게 하면 다음에는 이런 리스크를 줄일 수 있을까를 항상 반복하고 반성한다. 회사에는 사람이 전부다. 사람들에게 마음을 사야 회사가 성장할 수 있다.

같이 일하는 사람들을 믿어라. 매일 회사에서 얼굴을 보고, 의지하고 같이 일하는 사람들을 항상 경계하고, 의심한다면 그것조차도 힘겨움이다. 그래서 나는 시스템으로 관리는 하되, 신뢰로 일을 진행한다. 직원이 거짓말을 하거나, 배신하거나, 나쁜 행동을 하는 것들을 100% 없애기는 어렵다. 대기업이든, 작은 회사든, 많은 회사에서 계속 일어나고 있는 일이다. 만약 그런 일이 일어났다면, 문제가 생겼을 때, 내가 그리고 회사가 대처하는 능력이 있으면 된다. 리스크를 충분히 파악하고, 대처할 수 있는 능력과 체계를 준비해 둔다면 그 안에서 보석을 발굴할 수 있지 않을까?

게임체인저 스타트업의 회의방식은 달라야 한다

기사에 보면 효율적으로 회의를 진행하는 방법, 30분 회의로 업무의 50%를 줄이는 혁신적인 회의 방법 등 회의에 대한 내용들을 많이 찾아볼 수 있다. 사업을 시작하기 전 내가 대기업, 외국계 기업을 다닐 때의 회의는 현재 진행 중인 업무 보고와 계획에 대한 업무 공유의 형태였다. 회의에 대한 가치의 경험보다는, 팀장 및 임원들에게 보고하는 형태의 회의였다.

아이트럭을 창업하고 운영하면서 깨달은 것 중 하나는 스타트업에서 회의가 필수적이라는 점이다. 빠르게 변화하는 환경 속에서 팀원들과 지속적으로 소통하고 의견을 나누는 과정이 곧 성장과 혁신의 기반이 된다. 스타트업의 회의란 하나의 목표를 정해두고 각 팀에서 아이디어를 공유하면서 각자의 의견에 대한 내용을 공유하고, 각 팀에서의 리스크를 공유하는 자리이다. 항상 문제가 있을 때, 고객에게 컴플레인이 들어올 때, 우리 팀은 회의를 통해서 문제점에 대해 토론하고 각자의 역할 분담에 대해 논의한다.

스타트업에서 중요한 성장 요소 중에 하나는 다양한 관점으로 문제 해결능력을 올리는 것이다. 스타트업을 운영하다 보면 매일 새로운 문제들이 생기고, 그 문제들을 해결하면서 회사는 조금씩 성장한다. 한 명이 갖고 있는 생각만으로는 해결할 수 없는 문제들이 많기 때문에 여러 사람의 다른 배경, 경험, 지식에서 나온 관점으로 창의적인 해결책을 만들 수 있다. 또한 열린 논의는 팀원 간 신뢰를 쌓고 건강한 소통을 하면서 팀워크가 강화된다는 장점도 있다.

아이트럭은 우리나라의 첫 트럭 거래 스타트업이기 때문에 모든 기준을 우리가 만들고 리드해야 한다. 예를 들어, 승용차의 분류는 심플하기도 하고, 쉽게 찾아볼 수 있지만, 트럭의 분류나 검색은 어디서도 기준을 찾아보기 어렵다. 트럭은 카고라는 하나의 카테고리에 30개 이상의 모델이 있고, 그 모델에서 몇 톤인지, 축이 달렸는지, 마력은 어떤지에 따라서 300개 이상의 분류로 또 나누어진다. 일반인들이 생각하는 것보다 트럭의 분류는 훨씬 많다. 승용차 거래 플랫폼에서 트럭을 다루는 곳들이 있지만 1톤에서 3.5톤 마이티까지의 트럭들이 대부분이고 중대형 트럭들이 전무한 상태이다. 처음 아이트럭 앱을 론칭할 때 우리는 검색을 편리하게 할 수 있도록 모든 카테고리를 간편하게 보여주자는 기획으로 준비를 하고 진행했다. 하지만 론칭 후, 검색페이지 조회 수가 저

조했고 이를 통해 회의 문화가 이루어졌다. 토론을 위한 토론이 아닌, 암묵지를 끄집어내는 장이었다. 하나의 가설은 우리의 검색 UI가 더 보기 쉬운 곳에 위치해야 한다는 것이었고, 또 하나의 가설은 트럭 분류의 오류였다. 고객들 입장에서 트럭을 검색할 때 적재함 길이, 팔레트 개수 등 정보들이 한눈에 들어올 수 있고, 분류체계를 더 정교화하자는 의견이었다. 우리 팀은 이 문제 해결을 위해 각 팀에서 데이터 분석, 고객들 인터뷰, 마켓 리서치 등 다양한 각도에서 자료를 준비했다. 하나의 미팅을 하더라도 그냥 미팅에 참석하는 게 아닌, 각자 철저한 준비로 미팅을 효율적으로 진행했다. 또한 미팅 중에 우리만의 규칙을 만들어서, 서로 비난하는 말을 하지 않기, 중간에 말을 끊지 않기, 안 될 것 같다는 부정적인 이야기 하지 말기, 내 업무가 아니라 다른 팀의 업무라는 이야기 하지 않기 등에 대한 약속을 정했다.

첫 회의는 우리 가설에 대한 근거를 브레인스톰 했고, 그 가설을 확인하기 위해 어떤 실행 계획들이 나와야 하는지를 나열했다. 그리고 3번의 회의 끝에 우리는 2번째 가설에 대한 데이터와 리서치로 검색 리뉴얼 프로젝트를 진행했다. 개발팀에서는 트럭 분류에 따른 데이터베이스를 새로 구축했고, 기획팀에서는 편의성과 디자인에 집중했으며, 영업과 마케팅팀에서는 고객과 끊임없는 소통으로 트럭 분류 체계와 피드백을 받아 3개월 만에 검색 리뉴얼 후 다시 앱을 론칭했다. 고객과 소통을 할 때도, 전화 인터뷰, 그리고 직접 트럭 커뮤니티 등에 방문해 우리 앱을 보여주면서 심도 있는 인터뷰와 피드백을 받았다. 그냥 그런 겉핥기 식이 아닌, 하나의 문제를 깊게 다양한 관점에서 파고들었다. 그리고 론칭하자마자 1주일도 채 지나지 않아 일 방문자 수 가 3배 이상 급증했으며, 트럭거래도 평균 소요시간보다 더 빠르게 이루어졌다. 이 프로젝트를 통해서 스타트업에서 왜 회의를 해야 하는지, 보고서 작성보다 중요한 게 고객의 목소리, 현장의 목소리라는 것, 그리고 회의를 통해 좋은 성과를 낼 수 있다는 걸 알게 되었다.

대표는 회의할 때 많은 아이디어들이 나올 수 있도록 경청하고 방향을 잡아주는 중요한 역할을 하게 된다. 나는 스타트업 대표로서 토론을 통해 더 발전적인 아이디어가 나올 수 있으며, 이를 통해 매출까지도 올릴 수 있다는 사실을 알게 되었다. 그리고 이러한 경험들을 토대로 아이트럭의 토론의 기준과 회의 문화가 이루어졌다. 내가 제안하는 건 시간을 정해 두기보단 각자가 준비해 온 자료들을 공유하면서 각 팀에서 의견을 주고받으면서 편안하게 아이디어를 제시하는 것이다.

열린 마음으로 소통을 해야 한다. 만약, 아이디어를 낼 때 시간이 정해져 있으면 쫓기기 마련이다. 대기업 같은 보고 형태의 회의라면 시간제한을 두는 것을 추천하겠지만, 문제 해결을 위한 회의를 한다면 철저한 준비를 통해 각자의 의견들이 가치가 있도록 활성화시키는 걸 제안한다. 그렇게 하면 회의를 통해 문제 해결을 더 효율적으로 할 수 있고, 매출까지 이어지는 쾌감을 얻을 수 있다.

스타트업을 시작하는, 그리고 운영하고 있는 팀들에게 회의 문화를 만들고, 문제 해결에 하나의 창구로 사용하길 꼭 권장한다. 혼자의 생각보다는 다양한 각도로 문제를 바라본다면 훨씬 더 창의적인 해결 방법들이 나오기 마련이다. 특히나 스타트업 초창기에는 팀원들의 신뢰와 문제 해결능력이 필수적이다. 매일 새로운 문제들에 직면하고, 그 문제들을 해결하면서 스타트업은 한층 성장한다. 또한, 고객들의 요구 사항이나 피드백을 논의 테이블에 올려 다양한 시각에서 검토하고 이를 바탕으로 서비스 개선 방향을 결정하는 것이 회사의 성패를 결정할 수 있다고 본다. 남들이 하지 않는 특별한 차별점, 그리고 고객의 목소리, 이 두 가지를 항상 잊지 않고 끊임없이 문제 해결을 위해 토론한다면, 회사의 매출 상승으로까지도 이어질 수 있다고 확신한다.

플랫폼 기업도 어떻게든 수익을 창출해야 한다

　우리나라의 새벽시장을 연 대표적인 스타트업, 컬리는 론칭 후 폭풍적인 인기와 센스 있는 판매 아이템으로 고객들에게 큰 사랑을 받고 있다. '새벽배송'이라는 걸 최초로 도입 후 당일 오후 11시 이전 주문 시에 이튿날 아침이면 내 집 문 앞에 배송을 해주는 서비스는 그 당시에는 최초였으며, 굉장히 편리하고 신선한 아이디어였다. 최근에는 식품뿐만 아니라 화장품 등으로 확장을 하며 지속해서 고객들의 니즈에 맞추어 운영하고 있다. 모델도, 아이템도 참신한 컬리는 현재 시장에서는 의문점이 있다. 재무제표상 흑자 전환이 되지 않아 IPO 시장에서도 의문을 야기한다고 생각한다. 분명 대표와 경영진들도 이익을 내야 하는 부분에 있어서 많이 고민하고 있을 것이다.

　기업의 궁극적인 목표는 이익을 내는 것이다. 최근 스타트업들이 계속 적자임에도 불구하고 투자를 받아서 운영하는 모습들을 보였고, 현재는 그 버블이 많이 꺼진 상태에서 알짜배기 회사들만 생존하고 있다. 현재 적자를 내더라도 언제 손익분기점에 도달할 수 있을지, 어떻게 수익을 낼지에 대한 계획이 정확하게 있어야 한다. 이익을 내지 않는 회사는 회사가 아니다. 회사의 존속성이 중요하다.

아이트럭을 운영하며 매번 결제 순간마다 나의 기준은 단순하다.

"이 비용이 정말 회사의 매출에 직결되는가? 지금 꼭 필요한 지출인가?"

내가 결제할 때마다 항상 나에게 하는 질문이다. 모든 지출이 회사의 미래를 좌우할 수 있다고 생각하기에 매번 철저하게 검토하고 전략적으로 접근하려 노력한다. 플랫폼 회사를 운영하는 대표로서 흑자 전환이 되기까지는 많은 투자와 지출이 필요하다. 하지만 그렇다고 해서 플랫폼 회사이기 때문에 초반에 적자가 나도 된다는 생각은 아주 위험하다. 나는 회사 초기부터 매년 계획을 짤 때, 언제 손익분기점을 달성할 수 있는지, 어떻게 달성할 수 있는지 항상 고민하고, 80억, 100억 투자를 받았을 때도 돈이 생겼기 때문에 확장하자는 접근보다는, 어떻게 하면 더 빠르게 흑자 전환을 하고, 비즈니스 확장까지도 가져갈 수 있을지를 항상 고민했고, 지금도 고민하고 있다. 아이트럭은 서비스를 운영한 지 1년 6개월 만에 단기 흑자 전환에 성공했다. 매달 지출을 확인하면서 플랫폼 기업도 잘 운영하면 흑자를 낼 수 있다는 걸 투자사들에, 시장에 보여주고 싶었고 시장 상황도 녹록지 않았기 때문에 어쩌면 이 시장에서 어떤 기업이든 흑자 전환을 보여주는 건 필수가 되었다. 2022년 4월까지만 해도 어찌 보면 투자와 스타트업의 호황기였다. 시장에 돈도 많았고, 많은 투자사들이 스타트업에 많은 기회를 줄 수 있는 시기였다. 주변 스타트업 대표들 중에 투자를 받고 월 1,000만 원 이상 하는 강남의 월세에 들어가는 곳들도 많았고, 작은 스타트업들도 직원들에게 대기업과 같은 복지를 주는 곳도 많았다.

하지만 스타트업의 매력은 좋은 복지보다, 도전, 열정, 기회를 경험할 수 있는 곳이었으면 한다. 당연히 강남 한복판의 자리에서 최고의 복지를 제공하는 것도 중요하지만, 아직 흑자 전환을 하지 못하고 있는 스타트업이라면 어떤 부분에 더 힘을 써야 할지 신중히 판단하고 결정을 내려야 한다.

아이트럭을 창업 후, 이나모리 가즈오의 책을 접하게 되었는데, 교세라 창업자인 그는 회사가 이익을 내는 것은 기업의 존재 이유, 기업의 생명선이라고 설명한다. 너무 당연한 이야기였지만, 쿠팡, 아마존 등 10년 이상 적자를 유지한(투자를 받아 1등 기업이 되기 위해 확장하는 전략) 플랫폼들이 당시에는 많았기 때문에, 그의 책이 당시에 조금 신선하게 다가왔다. 그는 회사가 존재하려면 단순히 이상만 추구하는 것이 아니라 현실적으로 수익을 창출해야 한다고 강조한다. 회사가 지속적으로 성장하고 안정적으로 운영되기 위해서는 수익성은 필수적이고, 이를 통해 회사는 고용을 유지하고 직원들에게 보상하며, 고객과 사회에 필요한 가치를 지속적으로 제공할 수 있다고 설명한다. 또한, 이익을 창출하는 과정에서 회사의 가치와 목적을 잃지 말고, 사회에 긍정적인 영향을 미치는 것 역시 중요하다고 강조한다. 이익을 창출하기 위해 그는 단순히 비용 절감 또는 매출 증대에 그치지 않고, 직원의 역량을 끌어올리고 고객 가치를 높이는 전략을 통해 지속 가능한 성장을 추구했다. 직원이 회사의 핵심 자산이라고 보았고, 이들이 성장할 수 있는 환경을 마련하는 데 중점을 두었다. 직원 교육, 훈련에 투자하고, 성과에 따른 보상을 강화하여 직원이 회사와 함께 성장할 수 있는 기회를 제공했다. 직원의 성장은 자연스럽게 회사의 생산성과 이익 창출로 이어졌다. 이뿐만 아니라 고객 중심의 서비스 개선(불필요한 절차나 비용을 줄여 고객이 만족할 수 있는 효율적이고 신속한 서비스 제공)과 비용 절감 시에도 품질을 희생하지 않는 방안을 모색하여 회사가 장기적으로 성장할 수 있는 기반을 구축했다.

플랫폼 회사의 이익 창출은 어찌 보면 너무 당연하지만, 가장 어려운 과제가 아닐까 싶다. 이제는 플랫폼이라고 해서 사람이 모이기만 하고 이익을 낼 수 없는 기업들은 다 도태될 수밖에 없다. 플랫폼 1.0 세대에는 사람만 모으면 기업가치를 인정받고 승승장구했지만, 지금 트렌드는 플랫폼 기업이라도 사람을 모으고, 그 안에서 수익모델을 만들어 이익을 내지 않으면 계속 생존할 수 없고, 회사의 지속가능성도 불투명해진다. 최근에는 투자상황도 녹록지 않은 환경에서, 우리는 어떤 방식으로든 지속 가능한 이익을 창출해야 한다. 안정적인 수익 구조를 만들고, 효율성을 극대화하는 전략이 그 어느 때보다 중요한 시점이다.

추월차선은 없다.
될 때까지 인내하고 돌파하라

대표가 직원을 대할 때, 직원이 팀장에게 지적을 받는 것과 대표에게 지적을 받는 것은 직원 입장에서 크게 다르게 느껴진다. 팀장이 지적을 하면 그 자체로 업무를 정정하고 다시 진행할 수 있지만, 대표가 직접 지적을 하면 직원은 "아, 나 이 회사에서 나가라는 이야기구나"라고 오해할 여지가 많다. 이처럼 대표의 피드백은 직원에게 더 큰 압박감이나 부담을 줄 수 있기 때문에, 상황에 맞는 전달 방식과 배려가 필요하다. 그래서 나는 모든 소통을 팀장을 통해서 하고, 팀장에게도 주의를 줄 때, 3번 지켜본 후 본인의 행동이 회사에 어떤 파장이 오고 업무에 어떻게 차질이 생기는지 감정보다는 이성적으로 예시를 들면서 설명하는 편이다.

직원 관리를 잘하려면 인내를 잘해야 한다. 사실 회사를 운영하다 보면 속에서 울컥할 때가 분명히 있다. 근데 그럴 때 그 감정을 그대로 쏟아내기보다는, 한 번 인내하고 부드럽게 설명하는 게 회사의 문화에도 긍정적인 영향을 줄 때가 있다. 그런데 이렇게 글로 풀면 할 수 있을 것 같지만, 그 상황에서 인내하고 직원을 품기가 여간 어려운 게 아니다. 그럼에도 불구하고, 진정한 리더는 덕이 많고, 많은 걸 수용하고, 인내해야 한다. 나도 이 어려운 걸 매일 더 노력하고 있다.

투자은행에 다닐 때는 모두가 경쟁하는 문화였다. 누구의 실적이 가장 좋은지, 누가 더 준비가 완벽하게 되어있는지, 업무에 대한 완벽성 또한 필수적으로 요구되었다. 실수라는 건 절대 용납할 수 없었고, 만약 실수로 다른 숫자로 잘못 오더가 들어가면 실수한 사람의 자리는 당장이라도 공석이 되었다. 신입 때도 누군가 하나씩 가르쳐 주는 문화, 또는 선배에게 물어볼 수 있는 문화보다는, 나 스스로 문제점이 해결될 때까지 무조건 풀어야 하는 문화였다. 초반에 투자은행에 입사해서는 내가 다루는 상품에 대해 정확하게 이해하고 프로그램을 노련하게 다룰 수 있을 때까지는 업무가 마무리된 후 개인 공부를 꾸준히 했다. 또한, 당일 새로 배운 부분에 대해서는 다시 한번 복습하는 시간을 따로 가졌다. 문화에, 업무에 적응할 때까지의 인내가 필요했다. 이뿐만 아니라 뛰어난 인적 자원을 보유하고 있더라도, 치열한 경쟁 속에서 살아남기 위해서는 인간관계에서의 균형 감각과 실적에 따른 스트레스 관리 능력이 필수적이었다. 때로는 극도의 인내와 정신력이 요구되기도 했다. 스타트업에 비해 체계적인 부분이 받쳐주기 때문에 가짓수는 더 적더라도 분명 감당해야 하는 부분이 많았다.

반면 스타트업에서는 매출이 받쳐주고 흑자가 나고, 엑시트를 하기 전까지는 매일이 인내의 연속이라는 생각이 든다. 인재, 사람 관리 측면에서도 목표를 향해 따라오고 살아남는 친구들을 추슬러서 같이 가는 거다. 거래처 측면에서도 회사의 브랜딩이 약하기 때문에 매번 관계를 확장해 나가면서 협업을 하기 위해 노력하고 성과를 낼 발판으로 삼는다.

처음 플랫폼을 론칭하고 첫 거래가 성사되기까지 목표만을 바라보고 포기하지 않는 인내도 필요했다. 지금 뒤돌아보면 내가 투자은행에서 직원으로 일할 때, 그리고 창업 후 스타트업 대표로서 일할 때도 종류가 다른 것뿐이지 인내는 필수적인 요소라 볼 수 있다.

현재 글로벌 트렌드를 보면 미국 중국과의 기술, 무역, 4차 산업 혁명(디지털, 물리적, 생물학적 기술의 발전을 기반으로 산업, 사회, 경제를 통합적으로 변화시킴), 그리고 대한민국은 정치적인 대혼란까지, 그 어느 때보다 스타트업 대표의 삶은 혼란과 두려움의 연속이다. 그런데 예전부터 위기는 곧 기회라고 했다. 버티다 보면 어느새 기회가 찾아오기 마련이다. 이런 혼란의 시기에 스타트업 대표로서 여러 가지 덕목이 필요하다. 용기, 담대함, 꾸준함, 집요함, 재능 등 여러 덕목들이 필요하지만, 지금에야말로 어떤 덕목보다 인내가 중요하다. 인내는 단순히 기다리는 능력이 아니라, 기다리는 동안 좋은 태도를 유지하는 능력이라고 했다. 옛말에 "인내는 나무의 뿌리와 같다. 비록 보이지 않지만, 모든 성장을 지탱한다."라고 했다. 난 다시 2025년 새해를 시작하며 스스로에게 다짐해 본다. 올해도 자금 문제, 사람 문제, 경쟁자 문제 등 크고 작은 파도들이 몰아치겠지만, 인내라는 덕목을 굳게 붙잡고 버텨낼 것이다. 올해 신년회를 맞아 아이트럭 팀원들에게도 다짐을 전했다. 어떤 상황이 와도 끝까지 버티고 무조건 해내 보자. 그리고 중고트럭 시장에서 세계적인 톱이 되어보자는 비전도 함께 공유했다. 내가 4년 남짓 스타트업을 창업하고 운영하면서 확신하게 된 점은, 성공은 결국 인내와 꾸준함에서 온다는 것이다. 어려움 속에서도 꾸준히 나아가며, 인내를 가지고 지속적으로 노력할 때 비로소 성공의 열매를 맺을 수 있다는 것을 깊이 느꼈다.

적을 설득해서 친구로 만드는 것도 사업 능력이다

대표는 인복이 있어야 한다. 인복이 있어야 좋은 직원들이 회사에 들어오고, 그 직원들이 회사의 성장에 보탬이 되고, 대표의 든든한 힘이 되어 준다. 인복이 많으려면 일단 나 자신이 좋은 사람, 배려하는 사람, 모범이 되는 사람이 되어야 한다. 좋은 에너지를 갖고 긍정적인 영향력을 갖고 있는 사람에게는 좋은 사람이 붙기 마련이기 때문에 항상 나 자신을 살피고 성찰하는 시간을 갖는 게 중요하다. 직원도 내 편으로, 고객도 내 편으로 만들기 위해서는 상대방이 필요한 것, 상대방의 입장에서 모든 걸 생각해보고 역지사지로 생각해보는 통찰력도 필요하다. 회사의 규모가 커지기 위해서는 많은 사람들을 내 편으로 만드는 건 회사의 중요한 자산이며 필수 요건이라 할 수 있다. 사실 기업체를 운영할 때 생각해보면 대표는 한 명이기 때문에 모든 일을 본인이 물리적으로 다 할 수가 없다. 주변의 누군가에게 도움을 받지 않는 이상 혼자서 모든 일을 다 한다는 건 불가능하다.

아이트럭이 처음 출시되고 전국적으로 홍보를 하며 매매 상사를 방문했을 때 아이트럭을 위협으로 여기는 몇몇 매매 상사 대표로부터 상당한 저항에 직면했다. 이들 플레이어 중 다수는 오래된 시스템에서 운영되고 있었고 디지털 플랫폼에 회의적이었다. 특히 경상도에 있던 대표 매매 상사 중 하나는 아이트럭에 대한 불신을 노골적으로 밝히며, 심지어 상사 안에 있던 딜러분들에게 우리와 협력하지 말라고 대놓고 경고를 했다. 처음에는 예의 없는 모습에 당황스럽고 화가 났지만, 그를 적으로 보기보다는 기회를 보았다.

나는 그에게 플랫폼을 사용하도록 설득하기 전에 그의 말에 귀를 기울였다. 면담을 요청했고 그는 자신의 솔직한 감정을 드러내며 우리와 같은 플랫폼으로 인해 중고트럭 거래 시장이 더 혼란스러워지고 추후에는 사업이 중단될 것이라는 두려움, 그리고 그가 쌓아온 개인적인 관계를 잃을 것에 대한 우려, 나이 많은 고객들이 기술에 적응할지에 대한 의구심에 대해 낱낱이 설명했다. 나는 그의 솔직함에 감사했고 그의 우려를 인정하면서 아이트럭은 매매 상사를 대체하는 플랫폼이 아닌, 매매 상사를 강화하기 위해 설계되었다고 설명했다. 우리 플랫폼이 어떻게 매매 상사를 강화하고, 우리를 이용해서 더 많은 고객들에게 접근하며 운영을 간소화할 수 있는지, 그리고 전국 네트워크를 연결하여 매출을 높이는 데 도움이 될 수 있는지 설명해 드렸다. 말로만 설명하지 않고 그의 매매 상사에 있던 팔리지 않던 트럭 몇 대를 아이트럭 플랫폼에 직접 올려 무료로 시험을 해 드렸다. 한 달 안에 그는 아이트럭을 통해 재고가 되었던 중고트럭 두 대를 팔았고, 수익을 창출했다. 그는 우리를 배제하던 '적'에서 동료들에게 아이트럭을 추천하는 옹호자가 되었다.

나는 이 경험으로, 근거 있는 설득을 통해 '적'을 아군으로 만들어 로열티 있는 고객으로 갈 수 있는 과정을 보았다. 초기에 아이트럭은 위와 같은 방법으로 고객들을 유치하고 서비스를 론칭한 지 1년 만에 매출 22억 원을 달성할 수 있었다.

경쟁을 하고 있는 기업 간에도 파트너십을 통해 업계 과제를 극복하고 혁신을 주도한 사례도 있다. 2000년도 초반, 전 세계 TV 산업은 CRT (음극선관)에서 LCD(액정 디스플레이) 기술로 전환하고 있었다. 한국에 본사를 둔 삼성과 일본에 본사를 둔 소니는 이러한 전환에 많은 투자를 했다. 가전제품 시장에 떠오르는 기업인 삼성은 이미 LCD 생산에 막대한 투자를 시작했고, Sony는 고급 소비자 가전 분야의 글로벌 리더였지만 LCD 제조 역량에서는 부족했다. 2004년, 두 회사는 S-LCD corporation이라는 합작 회사를 설립하고 삼성이 51%, 소니가 49%의 지분을 보유하면서 고품질 LCD 패널 생산에 주력했다. 협력을 하면서 두 회사는 최첨단 LCD 제조시설을 구축하고 운영하는 데 드는 비용을 공유했으며, 이번 파트너십을 통해 소니는 삼성의 고급 LCD 기술을 활용하는 동시에 디스플레이 품질에 대한 전문 지식을 제공할 수 있었다. 또한, 소니는 TV 시장에서 입지를 유지하는 데 필수적인 LCD 패널의 안정적인 공급을 보장받았고, 삼성의 경우 고객 확장으로 인해 규모의 경제를 실현했다. 삼성-소니 파트너십은 치열한 경쟁사 사이에서도 협력을 통해 LCD TV의 글로벌 채택이 가속화되어 CRT를 더욱 빠르게 대체할 수 있게 되었다.

이 파트너십은 경쟁업체가 최종 제품에 대해 계속 경쟁하면서 기본 기술에 대해 협력할 수 있는 모범을 보였다 할 수 있다. 삼성전자는 규모의 경제와 생산 효율성을 바탕으로 세계 최대 LCD패널 제조업체로 성장했으며, 소니는 최첨단 LCD 기술을 확보하고 빠르게 성장하는 평면 TV시장에서 경쟁할 수 있었다.

2011년 LCD시장의 경쟁이 심화되고 포화됨에 따라 소니는 합작투자를 종료하기로 결정했다. S-LCD Corporation의 지분을 삼성에 매각하여 공식 파트너십이 종료되었다. 삼성은 계속해서 LCD 시장을 장악했고 소니는 다른 고마진 전자제품에 초점을 옮겼다. 경쟁자 사이에서도 특정 기간 관심사를 조정함으로써 중요한 업계의 과제를 극복하고 혁신을 주도할 수 있다.

회사를 성공시키기 위해서는 많은 요소들이 필요하지만, 그중에서도 위기를 기회로 바꾸는 능력, 적을 아군으로 만드는 지혜, 그리고 주변에 나를 도와주는 사람들이 많다는 점은 정말 중요한 요소들이다. 이런 요소들이 있다면, 비록 적자 상태의 회사라 할지라도 버티고 흑자 전환까지 이룰 수 있는 힘이 된다. 옛말에 "지성이면 감천이다"라는 속담이 있다. 꼭 필요한 요소가 있다면, 지성 껏 정성을 다하면 하늘도 감동해서 소원을 이루어 준다는 뜻으로, 무슨 일이든지 의지와 신념을 갖고 끝까지 포기하지 않으면 결국 어려운 일도 이룰 수 있다는 말이다. 내가 사업을 하면서 기필코 필요한 사람, 필요한 요소들이 있으면 꼭 설득해서 결국은 내 편으로 만들어라. 그러기 위해선 진정성, 성실함, 제품에 대한 우수성 이 필수적이다.

열악한 환경에서도 간절함과 열망이 회사를 성장시킨다

스타트업을 처음 시작하는 모든 대표는 열악한 환경에서 비즈니스를 시작한다. 작은 사무실 또는 구석 자리 빈 공간에서, 정말 꼭 필요한 소수의 인원들로만 구성해서(또는 대표 혼자 1인 3역을 하며) 비용을 최소화하면서 시장을 테스트해보기 시작한다. 아이트럭도 초창기에 1년은 나와, 그리고 박사 공부를 하고 있던 내 동생이 휴학하고, 직원 없이 둘이서 시장조사, 아이디어 기획, 고객 만남 등 모든 걸 다 진행했다. 사실 둘이었기 때문에 정말 많은 대화들이 오갔고, 어쩌면 더 컴팩트하고 빠르게 업무를 할 수 있었던 것 같다. 서로 의지하면서, 정부 사업 조사 후 발표도 나가고, 우승도 하면서 정부자금 1억과 자본금 천만 원으로 시장을 테스트하기 위한 플랫폼을 개발하기 시작했다.

사실 나는 경영대를 나와서 개발에 대한 전문 지식도 없이, 그리고 초기 CTO (최고 기술 책임자) 영입도 없이 동생이랑 둘이서 책과 전문가들의 조언에 의존하면서 기획하고, 디자인하고, 개발을 했다. 지금 뒤돌아 3년 전을 생각하면 어떻게 그렇게 겁도 없이 무모하게 도전할 수 있었을까 하는 생각을 한다. 그때 나와 내 동생이 갖고 있던 건 힘들어도, 잘 일이 풀리지 않아도 모든 걸 긍정적으로 생각하는 힘과 할 수 있다는 의지, 그리고 나중에는 꼭 성공할 거라는 희망이었다.

사실 긍정적으로 생각하는 힘은 성실함, 노력, 그리고 자존감에서 나온다고 생각한다. 내가 언젠가 힘든 상황에서 최선을 다해 문제를 해결해 봤고, 극복해 봤고, 그에 따른 성취감을 느꼈던 경험으로 자존감까지 형성이 된다고 본다. 그리고 한번 성취감을 맛보았기 때문에, 더 노력할 수 있고, 문제를 해결할 수 있다는 믿음으로 긍정적으로 생각할 수 있는 힘을 얻게 된다. 작은 승리들이 쌓인 경험과 실패했을 때 배운 점을 토대로 큰 성공을 할 수 있다.

나는 아이트럭을 운영하면서 지금 이 순간에도, 어떻게 하면 거래를 더 일으킬 수 있을까, 어떻게 하면 팀을 더 안정화할 수 있을까, 어떻게 하면 체계를 잡고 업무를 효율적으로 진행할 수 있을까, 어떻게 하면 좋은 인재를 유입하고 양성할 수 있을까, 어떻게 하면 AI를 더 고도화해서 접목할 수 있을까 등의 수많은 생각들을 한다. 그리고 그 부분에 대해 끊임없이 고민하면서 '아, 왜 우리 기업에는 체계화를 시킬 수 있는 팀이 없지?' 등의 부정적인 생각보다는 현재 이 상황을 개선하기 위해서 나 자신이 대표로서 어떤 부분을 서포트 해야 할지, 그리고 우리 팀이 무엇을 해야 하고, 어디에 개선점을 두고, 어떤 타임라인으로, 누가 리드를 하는 게 가장 효율적인지를 생각한다. 그리고 현재의 문제를 해결했을 때 어떤 결과로 인해 우리 모두의 성장에 도움이 되는지를 계속 이야기를 하고 보상한다. 긍정의 힘이 중요하다고 많이들 들어봤겠지만, 사실 스타트업을 운영하려면 긍정적으로 생각할 수밖에 없다. 스타트업의 꽃은 잘 됐을 때의 성취감과 열매인데, 긍정적으로 생각하지 못하면 초반에 적자가 나고 비용이 타이트한 상황에서 하루하루 버티기가 너무 힘들다.

나이키(당시 블루 리본 스포츠) 초기에는 신발 제조를 오니츠카(원래 일본 신발 공급업체)에 의존했었다. 현실적으로 오니츠카 없이는 제조 자체가 불가능하던 시절이었다. 그러다 오니츠카가 파트너십을 종료하고 다른 유통업체로 교체할 계획이라는 사실을 발견하게 된다. 이런 경우 '우리 회사는 이제 끝났구나'라고 비관적으로 생각하며 당황할 수 있지만 필 나이트(나이키의 창립자)는 당황하기보다 이것이 자신의 브랜드를 장학할 기회로 여겼다. 그는 오니츠카에 대한 의존도가 제한적이라는 것을 깨닫고 독립적인 신발 라인을 만들기로 결정한다. 유통권을 놓고 오니츠카와 법적 다툼을 벌이게 됐음에도 불구하고 나이트는 긍정적인 태도와 결단력으로, 고유한 브랜드 아이덴티티를 구축하는 데 중점을 두었다. 혁신, 품질 및 성능을 강조하면서 나이키는 오니츠카를 포함한 경쟁업체와 차별화를 두었다. 결과적으로 나이키는 오니츠카와 결별 후 더 강력하고 독립적으로 등장했으며, 궁극적으로 세계에서 가장 인정받고 지금까지도 성공적인 브랜드 중 하나로 자리 잡고 있다. 이런 어려운 상황이 와도 위기를 기회로 재구성하는 나이키의 사례는 두려움에 굴복하는 대신 끈기와 긍정의 마인드로 성공을 위한 발판으로 삼았다.

나는 아직도 어려움이 눈앞에 닥쳤을 때 종종 《슈독》을 꺼내서 나이트가 겪었던 어려움들을 다시 보고, 그 상황에서 나이트가 어떻게 어려움을 헤쳐나갔는지, 그의 생각과 태도가 어땠는지를 다시금 읽으며 마음을 다잡는다.

모든 회사의 대표들은 항상 어려움을 겪는다. 매일매일 전쟁과 같은 나날들과 많은 이슈들을 앞에 두고, 하나씩 문제점을 해결해 나가면서 회사는 성장한다. 긍정적으로 문제들을 해결할 수 있는 팀은 성장해서 성공할 확률이 높아지는 것이고, 모든 문제들을 비관적으로 바라보고 남 탓을 하는 팀은 그대로 쇠퇴하게 된다. 어떤 열악한 환경에서도 끈기를 갖고 버티며 성장할 수 있도록 감명을 주는 것이 대표의 몫이라고 생각한다. 대표는 조직의 방향을 제시하고, 어려운 순간에도 팀원들이 포기하지 않도록 이끌어야 한다.

문제는 항상 온다.
끊임없이 해결하면 된다

이제 막 시작하는 경영이지만, 짧다면 짧고 길다면 긴 4년의 시간 동안 정말 중요한 한 가지의 깨달음이 있다. 회사를 경영하다 보면 많은 이슈들이 끊임없이 일어나고, 한 가지를 해결하면 또 다른 문제점들이 발생한다. 초반에 회사를 경영할 때는, '절대 실수하지 말아야지', '문제가 없게 완벽하게 해내야지'라고 생각했지만, 아무리 철저히 운영해도 컨트롤 가능하지 않은 부분에서 많은 이슈들이 나오기 마련이다. 회사가 잘 성장하기 위해서는, 그리고 더 큰 문제가 나오기 전에 방지하기 위해서는 작든 크든 현재의 이슈들에 '어떻게 대응하고, 어떻게 이 문제들을 해결하는지.'가 핵심이다.

성공한 회사들을 보면 많은 우여곡절과 정말 힘겨운 상황에서 그 문제들을 수단과 방법을 가리지 않고 최선을 다해 잘 극복했기 때문에 성공했다는 분석이 나온다. 문제는 항상 온다. 그리고 그 문제들을 잘 해결하는 지혜와 포기하지 않는 끈기가 성공하는 비결 중에 하나라고 생각한다.

"이런 업체들 너무 많이 왔어요."

"됐어요. 그냥 두고 가세요"

"아, 관심 없어요. 안 그래도 장사 안되는데 짜증 나게….."

부푼 마음으로 아이트럭 플랫폼 베타 론칭 후, 처음 고객들에게 찾아갔을 때 들었던 말들이다. 시장에 꼭 필요한 플랫폼이라 자신했고, 모든 창업팀이 그렇겠지만 온 정성을 다해 기획하고 개발한 서비스를 보여주기도 전에 질타 먼저 들려온다. 전국에 있는 매매상사를 지도에 리스트업 하고, 하루에 서른 군데 이상을 점심도 제대로 먹지 못한 채, 아이트럭의 첫 직원인 현재는 영업팀장과 함께 1년을 이상을 돌아다녔다. 무례한 행동에 화를 억눌러야 하는 날도, 지친 날도 많았지만, 정말 신기하게도 처음엔 귀찮아하시던 분들도 우리가 끊임없이 찾아가니, "젊은 사람들이 고생한다"라며 들어오라고 하시면서 음료수를 건네주시기도 했고, "이렇게까지 찾아오는 사람들은 처음 본다"라며 자연스럽게 관심을 가지시며 "그래서 뭐하는 곳이냐?"라고 물어보시는 분들도 계셨다. 또, "이 열정이면 뭐라도 해내겠다"라며 감탄하시면서, 먼저 사용해 볼 테니 혜택이라도 달라고 관심을 보이시는 분들도 생기기 시작했다.

우리는 서비스를 설명할 때 아이트럭의 장점과 진정성을 매번 호소했고, 그런 마음들이 전해지면서 빠르게 성장할 수 있었다. 나

중에 고객들과 관계가 형성된 후, 처음에는 아이트럭을 잘 몰랐을 텐데 어떻게 신뢰하고 사용하게 되셨냐고 여쭤보면, 많은 업체들을 봐왔지만 이렇게 포기하지 않고 끊임없이 찾아오는 사람들은 처음이었다며, '이 사람들이라면 뭐라도 해내겠다'고 생각했다고 말씀하셨다. 혁신적인 기획, 실력 있는 개발, 편의성 좋은 서비스, 이 모든 것들을 고객들에게 소개하기까지는 포기하지 않고 끊임없이 소통하며 노력하는 아이트럭 팀원들이 있었다.

초반 이야기를 할 때 고객을 어떻게 플랫폼으로 유인했는지의 질문에 대해 발로 뛰었다고 하면 "여자 대표가 힘들었겠어요. 운수업 쪽 고객들 상대가 터프해서 힘드시겠어요."라는 말을 많이 듣는다. 당연히 힘겨운 부분도, 인내해야 하는 부분들도 있지만, 이 모든 일련의 과정을 즐기면서 나아가는 묘미가 스타트업의 꽃 아닐까 싶다.

"회사의 중요한 큰 행사를 기획했는데, 그날 일기예보에 없던 비가 와도 그건 대표의 잘못이다."

아버지가 자주 하셨던 말씀이다. 컨트롤 할 수 없는 상황에서 도대체 그게 왜 대표의 잘못인 걸까? 도대체 논리적으로 정확하게 어떤 잘못인지에 대한 대답에 대해서 많은 부분 이렇게 가르쳐 주셨다.

"대표가 덕(德)이 없어서 하늘에서 그날 비가 온거다."

경영을 하고 3년 정도 지났을 때, 비로소 아버지의 참뜻을 조금씩 이해하게 되었다. 모든 부분에서 남 탓을 하지 않는 대표만이 자신의 행동을 돌아보고, 개선해야 할 부분을 고민하고 분석하며 발전해 나갈 수 있다. 그래야만 결국 회사도 성장할 수 있다. 그 아무리 컨트롤 불가능한 상황에서도, 대표의 의지로 어떻게든 가능하게 만들어야 한다. 그리고 더러는 컨트롤 불가능한 상황에서도 운이 따르기도 한다. 그 운을 잡기 위해서는 항상 덕을 베풀어야 좋은 기운들이 올 수 있다고 아버지는 생각하셨던 거 아닐까?

회사에 위기가 있을 때, 또는 직원들이 실수했을 때도 다음에 같은 실수를 반복하지 않기 위해 주요 포인트를 검토 하는 건 필수라고 생각한다. 아이트럭 극초반 1년 차에 이메일을 제대로 확인하지 못해서 5일 동안 실 서버가 다운이 된 적이 있다. 5일 내내 시차에도 불구하고 개발팀은 잠을 이루지 못하면서 계속 문제를 해결해 나갔고, 영업/마케팅팀에서는 꾸준하게 고객과 소통하면서 오프라인으로 서비스를 이어갔다. 사실 플랫폼 기업에서 일어나서는 안 되는 일이라고 생각하지만, 지금 뒤돌아보면 극초반에 그런 일이 일어나서 너무 다행이라고 생각했다. 모든 이메일을 체계적으로 체크하고 액션을 취하는 프로세스를 잡아갈 수 있었고, 어려움을 함께 극복하면서 팀워크와 서로에 대한 신뢰를 쌓아가는 시간이었으며, 백업 서버의 중요성까지도 피부로 와닿게 공부했던 시간이었다. 만약 그 일이 트래픽이 한참 올라온 1년 후에 일어났더라면, 수습하기가 불가능했을 거라고 생각한다. 극초반에 우리 팀이 그런 일을 겪게 되어 너무 다행이라 생각하고, 그 일을 기반으로 더 빠르게 성장하는 계기가 되었다.

창업을 막 시작하신 초기 창업 아이템을 출시한 대표님들은 아이트럭의 급성장 비결을 묻곤 한다. 나는 항상 세 가지를 강조한다. 진정성, 포기하지 않는 끈기, 그리고 그 속에서 찾는 즐거움이다. 진정성은 우리의 핵심 가치이다. 중고트럭 거래 시장의 문제점을 해결하고자 하는 진심 어린 노력이 없었다면, 현재의 성과를 이루지 못했을 것이다. 끈기는 성공의 필수 요소이다. 어떤 어려움이 닥쳐도 포기하지 않고 끝까지 노력한다면, 아직 실패한 것이 아니며 성공은 과정에 있는 것이다. 마지막으로, 즐거움이다. 과정에서 즐거움을 찾고, 그로 인해 동기부여를 얻는다면, 어떤 시련도 헤쳐 나갈 수 있다고 믿는다. 이러한 가치와 태도가 아이트럭의 성장을 이끌었다.

너무 당연하고 사소한 생각 하나가 세상을 바꾼다

오랫동안 일하던 금융업을 떠나 처음 운수업에 진입했을 때, 낙후되고 불공정한 거래 시장을 보고 놀랐다. 21세기에도 이런 시장이 여전히 존재한다는 사실에 충격을 받았고, 시간이 흐르면서 왜 운수업이 아직 선진화되지 못했을까 하는 궁금증이 생겼다. 그러다 시간이 지나면서 내가 자주 소통하던 기사님들에게까지 피해가 미치는 상황을 보게 되었고, 자연스럽게 그분들의 업무를 도와주고 문제를 해결해 나가다 보니, 할아버지 때부터 이어온 가업과 운수업이라는 분야에 대한 사명감이 점점 생겨나기 시작했다. 사실 이미 체계적으로 안정되어 있던 회사를 그대로 가업으로 물려받고, 유지만 해도 좋지 않았을까 하고 생각할 때도 있었다. 아들 둘 엄마였고, 엄마로서, 그리고 가업을 물려받을 대표로서 그때의 그 상태를 유지하는 것만으로도 버거울 때도 있었다. 하지만 트럭거래를 투명하고 공정하게 할 수 있도록 운수업을 혁신하겠다는 포부로 도전했던 이유가 있었다. 우리가 아이트럭을 창업해서 100명, 1,000명의 기사님들을 불공정 거래로부터 도와줄 수 있다면, 기사님들의 전 재산을 투자해서 하는 업무에서 사기를 피할 수 있도록 도와줄 수 있다면, 내 삶이 더 풍요로워지지 않을까 하는 믿음에서였다.

간혹 9시 뉴스에 60대 기사님이 중고트럭 사기에 피해를 보고 자살했다는 자극적인 기사들이 나온다. 중고트럭을 구입하시는 기사님들은 승용차와는 다르게 생계용이시기 때문에 사기를 당하면 그 타격은 훨씬 더 크게 다가온다. 어떻게 불공정 거래가 이루어질까를 자세히 파헤쳐 보면, 운전만 하면 한 달에 500만 원 이상 벌 수 있다는 자극적인 홍보로 중고트럭과 일감 그리고 유상운송에 꼭 필요한 영업용번호판을 번들로 묶어서 터무니없는 가격으로 판매를 하고 몇 달 후에 일감을 뺏어버린다든지, 중고트럭 차량 상태가 불량임에도 불구하고 터무니없는 가격으로 판매를 한다든지, 기사님이 중고트럭을 판매한 후 입금을 받지 못하는 사례들이 있다. 기사에 나오는 건 극히 일부이고, 운수업 실상에서는 중고트럭 사기가 종종 있다. 특히나 경기가 어려울 때면 사기꾼들이 더 교묘한 수법으로 시장에 나온다.

작년에 있던 일 중에 하나다. 기사님이 아이트럭에 전화를 주시고 현재 상황에 대해 요청을 하셨다. 본인이 물류회사에서 일감을 받아서 빠르게 트럭을 구입을 해야 하는 상황이고, 같이 일하는 동료의 소개를 받아 딜러분과 통화를 하셨다고 한다. 딜러분은 급한 상황이시니 사진으로 트럭을 먼저 보여주고 마음에 드시면 계약금을 내는 조건으로 다른 곳에 팔지 않고 보러 올 때까지 맡아준다는 내용이었다. 그러다가 아이트럭을 유튜브에서 자연스럽게 보게 되셨고, 우리에게 연락을 주신 거다. 기사님께는 절대로 차고지에서 차량을 보기 전에는 송금은 하지 말라고 말씀드렸고 매매 상사와 딜러명을 확인해 드리겠다고 했다. 아이트럭에는 고객들의 신고 접수가 된 블랙리스트 딜러 명단도 리스트업을 해둔 상태였다. 확인을 해본 결과 매매사원증이 없는 딜러였으며, 기사님이 직접 전화를 해서 매매사원증을 요청하니 전화를 끊고 다시는 연락을 받지 않았다고 한다.

우리는 이 사건을 기점으로 '구매동행서비스'를 출시했다. 운전하시느라 업무를 빼기 어려운 기사님들을 위해 우리가 대신해서 차고지에 방문 후 차량을 검사하고, 실질적인 부분들에 대해 기사님과 소통 후 구입하는 방식이다. 또는 기사님들이 방문할 때 아이트럭과 동행을 하고 딜러분들과 소통이나 구입할 때 어려운 점, 차량 상태 등을 전체적으로 함께 도와주는 서비스이다. 구매동행서비스는 출시하자마자 뜨거운 반응을 얻었고 하루에도 50건 이상의 문의가 들어온다. 문의를 해주시는 분들은 운수업에 오래 계셨던 베테랑 기사님들보다는 회사에서 은퇴하고 처음 이 시장에 진입하려고 하는 분들이 훨씬 많으시다. 이런 분들이 퇴직금으로 트럭을 구입하려고 할 때, 아이트럭에서는 물량에 맞는 최적의 트럭을 찾아드리기 위해 오늘도 힘쓰고 있다.

포스트잇의 탄생도, 단순한 생각 하나로 세상을 바꾼 사례이다. 1968년 3M의 과학자인 스펜서 실버(Spencer Silver)는 별로 유용해 보이지 않는 약한 접착제를 우연히 개발했다. 비록 그것이 강력한 접착제에 대한 요구를 충족시키지는 못했지만, 그는 이 사소해 보이는 발명품에 잠재력이 있다고 굳게 믿었다. 그러나 수년 동안 이 발명품을 어떤 용도로 사용할 수 있을까에 대해 고민하고 있던 차에, 1974년 실버의 동료 중 한 명인 아트 프라이(Art Fry)가 단순하지만 창의적인 생각을 했다. 프라이는 교회 성가대에서 노래를 불렀는데, 찬송가에서 책갈피가 계속 떨어져 나가자 불편함을 느꼈고, 그는 실버의 접착제를 사용하여 위치를 변경할 수 있는 책갈피를 만들 수 있다는 것을 깨닫게 된다. 프라이는 이 작은 아이디어를 제품, 즉 스티커 메모지로 만들었다. 그리하여 이 제품은 1980년에 '포스트잇 노트'라는 이름으로 출시되었다. 그것은 사람들이 아이디어를 정리하고 공유하는 방식에 혁명을 일으키면서 전 세계적으로 가장 상징적인 사무용품 중 하나가 되었다. 포스트잇 노트의 성공은 약한 접착제가 목적을 가질 수 있다고 믿는 사소하고 사소해 보이는 아이디어가 어떻게 우리가 일하고 소통하는 방식을 변화시키는 글로벌 혁신으로 이어질 수 있는지를 보여주는 증거라 볼 수 있다.

어릴 적, 부모님은 항상 공부도 중요하지만 그것은 기본일 뿐이라고 말씀하시며, 지혜롭고 훌륭한 사람이 되어 대한민국의 한 사람으로서 사회에 기여하라고 자주 말씀하셨다. 나는 작은 생각 하나로 아이트럭을 창업했고, 트럭시장의 불공정 거래를 없애고, 은퇴 후 새로운 시장에 진입하는 기사님들을 도와주고 사회적으로 기여하겠다는 마음으로 시작했다. 아이트럭이 창업하고 4년이라는 시간이 흘렀지만, 이 4년 동안 거래했던 기사님들, 그리고 오늘도 거래하고 계시는 기사님들이 마음에 드시는 중고트럭으로 생계를 더 즐겁게 이어나가고 있다면 그 자체로도 나는 성공했다고 생각한다. 누군가의 생각 하나, 시작점이 혁신을 가져올 수 있고, 세상을 바꿀 수 있다.

사소한 생각이란 없다. 내가 이 생각을 어떻게 발전시켜서 혁신을 일으킬 것인지, 혁신을 일으킬 자세가 되어있는지, 열정이 있는지, 사명감이 있는지가 세상을 바꾸어 나가는 일의 관건이다. 작은 아이디어일지라도 그것이 어떻게 실행되느냐에 따라 큰 변화를 만들어 낼 수 있다.

Chapter
4

(HOW TO)
MAXIMIZE IMPACT
: 성과를 극대화하라

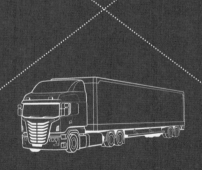

낭비를 제거하고 가치를 극대화하라

"야근을 해야 성공할 수 있을까요?"

한 스타트업 대표님이 세미나에서 물었던 질문이다. 내가 생각하는 야근이라는 단어의 의미는, 실제 필수적으로 해야 할 일이 없지만, 상사의 눈치를 보면서 보내는 시간이다. 따라서, 야근보다는 책임감이 성공에 중요한 필수 불가결한 요소라고 믿는다. 회사의 모든 업무에는 마감 기한이라는 게 있고, 업무를 마무리하기 위해, 그리고 더 잘하기 위해 책임감을 갖는다면 야근이라는 단어보다는 업무에 대한 책임감이 맞다고 보며, 그건 모두에게 필요하고 필수적인 요소라고 생각한다.

업무의 질에 초점을 맞추어야지, 시간에 초점을 맞추면 결과를 책정하기도 어렵다. 예를 들어 똑같은 시간을 일한다고 해도 어떤 기업은 성과가 잘 나고, 어떤 기업은 성과가 나질 않아 야근해도 매출이 오르지 않는 경우가 있다. 이유가 뭘까?

아이트럭에서는 각 팀의 팀장들에게 우리 회사의 방향을 끊임없이 소통하고 매달 목표로 할 수 있는 핵심성과지표를 설정해서 관리한다. 또한 이 업무를 왜 하는지에 대한 이해가 팀원들에게까지 전해질 수 있도록 소통한다. 아이트럭의 목표는 "트럭거래 성사를 더 많이 한다."로 각 팀에서 한 가지의 목표를 향해 달린다. 매달 각 팀에서 한 가지의 목표를 두고 결과를 도출할 수 있는 방안들을 제시하고 테스트하면서 데이터를 분석하고 그달의 KPI (핵심성과지표) 를 맞추기 위해 매주 주간업무 때 점검 후 결괏값에 도달할 때까지 시도한다. 여기서 중요한 점은, 시도하는 것도 중요하지만, 그래서 결괏값을 실제로 도출했는가를 타깃으로 잡기 때문에 한정된 시간 내에 최대치를 뽑아야 하는 상황에서는 한 명 한 명의 인풋이 정말 중요하다. 아이트럭의 목표는 트럭거래를 성사 시키고 성과지표를 올리는 것이다. 이때 중요한 건 몇 시간을 회사에서 일했냐가 아니라, 결론적으로 거래성사지표가 올라갔는가를 목표로 삼는다. 거래성사가 올라가는 방안 여러 가지를 토론을 통해 방법을 찾고, 시도하면서 결괏값이 좋지 않은 방안들은 바로 버리고, 또 새로운 시도를 해서 될 방법을 찾는다. 이 과정 속에서 만약 속도를 내지 못하고 빠르게 대응하지 못한다면 속도전인 스타트업에서 방법을 찾고 결과를 내기까지 많은 비용과 시간을 소요하게 된다. 특히 아이트럭처럼 이 세상에 없던 플랫폼을 최초로 만들어서 이 산업을 리드하는 스타트업의 경우에는 벤치마킹할 회사도 없기 때문에 더욱더 효율성과 속도, 그리고 정확히 문제점을 분석해서 제대로 된 방향으로 업무를 하는 게 중요하다.

업무를 효율적으로 하기 위해서, 스타트업 대표로서 항상 고민하는 부분은, 혹시나 보고를 위한 보고가 많지나 않은가 하는 점이다. 예를 들어 시스템에 데이터가 이미 있다면, 보고서를 만드는 대신, 시스템을 켜고 바로 설명을 한다든지, 보고서를 만드는 작업 프로세스를 점검 후 사람이 매뉴얼하게 작업하는 부분이 있다면 그 부분들은 기획팀에 넘겨 자동화를 시킨 사례도 많다. 내가 20대 때 도이치뱅크에서 근무를 할 때 모든 업무 프로세스에 린 (Lean), 식스 시그마 (Six Sigma를) 적용시킨 시점이 있었다. 간략하게 개념에 대해 설명을 하면 린과 식스 시그마는 모두 프로세스 개선, 낭비 감소, 효율성 증대에 초점을 맞춘 방법론이다. 그 당시 이 이론을 모든 신입들과 전략팀 모두에게 교육 및 숙지를 시켰고, 내가 현재 하고 있는 업무에 낭비가 없는지(현재 이 업무가 고객에게 가치가 전달되는 부분인지)에 대해 전사적으로 도입하여 점검한 적이 있었다. 이후 결괏값은 굉장히 성공적이었다. 한 예로 우리 부서에서만도 하루 업무량이 한 명당 3시간 이상 절약되었고, 매뉴얼 방식으로 업무를 처리하던 과정에서 발생한 운영의 비효율성은 모두 자동화를 통해 해결되었고, 그 결과 고객에게 더 정확한 수치를 전달할 수 있게 되었다.

린은 도요타 생산 시스템에서 시작된 방법론으로, 낭비를 제거하여 고객의 가치를 극대화하는 데 중점을 둔다. 고객의 관점에서 제품이나 서비스에 가치를 주지 못하는 프로세스 단계는 식별해서 제거하는 것이다.

1980년대 모토로라 (Motorola)가 개발한 식스 시그마는 프로세스의 변동과 결함을 줄여 품질을 향상시키기 위한 데이터 중심 접근 방식이다. 식스 시그마의 핵심 목표는 결함 수를 백만 개당 3.4개 미만으로 제한하여 '6 시그마' 품질 수준(정규 분포의 평균에서 6개의 표준 편차를 나타냄)을 달성하여 거의 완벽에 가깝게 하는 것인데, 정의, 측정, 분석, 개선, 제어 방법론을 사용하여 구성한다. 그렇기 때문에 아이트럭에서도 고객의 입장에서 이 부분들을 적용하여 구매자가 잘못된 의사소통이나 지연으로 응답을 기다려야 하는 경우가 있는지, 자동화된 커뮤니케이션 시스템이 필요한지, 실시간 알람 시스템이 필요한지, 성숙된 서비스를 보장하기 위해 고객 피드백, 트럭 관리 등의 시스템이 정확한지에 대한 리뷰를 끊임없이 한다. 또한 고객의 입장뿐만 아니라 각 팀에서 일하는 프로세스를 점검하여, 중간에 불필요한 업무를 하고 있지는 않은지, 매뉴얼로 하는 업무를 자동화하는 게 더 효율적인 건지, 이 업무들을 왜 하고 있는지에 대한 점검이 이루어진다. 그 결과, 아이트럭의 문화는 불필요한 미팅이나 보고를 지양하고, 항상 결과에 집중하는 방식으로 변화했다.

물론 모든 일에 결과만 중요시하고 과정을 무시하는 평가만을 잣대로 가져갈 수는 없다. 영업팀 같은 경우에는 결과와 인센티브로 이어지는 경우가 많기 때문에, 결과가 중요시되지만, 경영 지원

같은 결과가 당장 눈앞에 보이기보다는 과정에 더 심혈이 기울여야 하는 부서는 그 부분을 시스템화시키고 개선할 수 있는 노력이 필요하다. 스타트업의 장점은 스피드라고 본다. 린 (LEAN) 스타트업이라는 단어가 있듯이 (새로운 시장을 효과적으로 테스트하고 적용함으로써 시간과 자원을 절약) 스타트업에서는 효율적으로 일하지 않으면 리스크가 커질 수밖에 없다. 이처럼 불필요한 시간 낭비가 없어야 속도가 붙고, 그래야 다시 시도하고 또 시도할 수 있는 시간이 생긴다.

스타트업 대표에게 좋은 파트너란 운명의 배우자와 같다

사업을 하면서 가장 중요한 점 중 하나는, 좋은 파트너를 만나 함께 비즈니스를 진행하는 것이다. 신뢰와 협력을 바탕으로 서로의 강점을 살리고, 함께 성장해 나가는 파트너십은 사업의 성공을 이끄는 중요한 원동력이 된다. 직원을 잘 만나는 것, 거래처를 잘 만나는 것 등 대표는 모든 일을 혼자 할 수 없기 때문에 주변에서 많은 사람들이 도와준다면 회사가 성공할 가능성이 더 높아진다. 여기서 말하는 "좋은" 파트너의 정의는 무엇일까? 우선은 나와 뜻을 함께하고, 방향이 같은 사람이라고 말할 수 있다. 나의 목표를 정확히 이해하고, 그 목표를 향해 함께 일하고, 그리고 서로 시너지를 내서 더 큰 성공을 할 수 있는 파트너라 정의할 수 있겠다. 또한, 내가 부족한 부분을 상대방이 메꾸어 주고, 상대방이 필요한 부분을, 내가 긁어줄 수 있는, 시너지가 잘 날 수 있는 파트너라고

도 정의할 수 있겠다.

아무리 회사의 비즈니스 모델이 좋고, 대표가 똑똑해도, 좋은 파트너 (주변에 도와주는 직원들 또는 거래처)가 없으면 그 사업은 확장하기 어려우며, 회사를 더 크게 키울 수도 없다. 대표는 사람들을 주위에 끌어들이는 매력이 있어야 한다. 주변에 사람들이 몰리고 많아야 일을 위임할 수 있고, 신임할 수 있는 사람들이 생겨야 사업가로서 회사를 확장할 수 있다.

나는 항상 외부에 나가면 우리 회사 팀장들을 자랑하고 싶다. 그들의 노력과 능력을 자랑할 때마다 정말 자랑스럽고, 함께 일하게 되어 행운이라는 생각이 든다. 노력과 능력뿐만 아니라, 실패하더라도 다시 일어설 수 있는 긍정적인 태도를 가진 팀장들 덕분에 아이트럭이 급성장할 수 있었다. 그들의 강한 의지와 긍정적인 마인드가 우리 회사를 더 높은 곳으로 이끌어준 원동력이었다. 아이트럭이 서비스 탄생 2년 반 만에 누적거래액 650억원을 달성하고 투자시장이 (특히 플랫폼 관련) 얼어붙은 상황에서 누적투자액 110억이상을 받아 낼 수 있었던 건 팀장들의 팀워크, 나와 팀장들의 시너지에서 좋은 성과를 거두고 있기 때문이라고 생각된다. 항상 문제가 있으면, 팀장들끼리 먼저 회의를 하고 개선안에 대해 고민한다. 개선안을 여러 개 나열하고 문제 원인을 분석하면서 각 팀에서 해야 할 역할을 분담한다. 우리 회사에 가장 큰 장점 중에 하나라고 생각하는 건, 각 팀의 역할과 책임은 정확히 분배되어 있지만, 업무를 분배할 때 이 업무는 어떤 팀의 업무인가보다는, 이 업무는 어떤 팀에서 가장 효율적으로 잘할 수 있는가를 따져보고 분배하는 것이다. 그러므로 영업팀이 마케팅팀을 도와줄 때도 있고, 인사팀이 영업팀을 도와줄 때도 있다. 처음 들어오는 직원들은 생소하게 생각하는 부분이지만, 대기업이 아닌 작은 회사에서는 모든 업무의 역할과 책임을 정확히 나누어서 분배하기에는 업무의 영역이 모호할 때가 있으므로, 네 일 내 일을 나누기보다는 누가 이 업무를 가장 효율적으로 잘할 수 있을지에 대해 판단하고 결정을 내린다. 그렇기 때문에 아이트럭에서는 업무 스피드가 다른 스타트업보다 훨씬 빠르다고 자부할 수 있다. 또한 서로 도와주는 분위기가 형성되어 있으므로 문제가 터졌을 때도 실수한 사람보다는 문제에 집중하고 미팅을 주도한다.

또 하나 우리 팀의 강점은 문제에 대해서 서로 정직하게 논의한다는 점이다. 사실, 문제에 대해 정직하게 소통하려면 대표의 역할도 매우 중요하다. 어떤 문제든 문제를 제기하라고 항상 강조한다. 문제가 있다는 사실을 인식하는 순간, 개선할 기회가 생기기 때문에 문제를 숨기는 것은 잘못된 행동이다. 언제든지 문제를 제기하는 것, 그리고 그에 대한 개선점을 함께 논의하는 것이 우리가 해야 할 일이라고 항상 말한다.

각 팀의 팀장들은 해결사 역할을 한다. 해결사가 되려면 정확히 어떤 문제가 있는지에 대해서 파악하는 게 중요하다. 내부의 팀장님들과도 시너지를 내지만, 외부에서 거래처 대표님들이 도와주실 때도 많다. 회사를 확장하려다 보니 다른 회사의 임원분들이나,

거래처에 네트워크가 필요할 때가 종종 있다. 그럴 때 주변에 계신 대표님들에게 도움을 청하면 흔쾌히 소개 자리를 만들어주시고, 우리 회사 그리고 대표인 나에 대해서도 좋은 말씀을 많이 주셔서 비즈니스 확장을 더 빠르게 효율적으로 하는 데에 있어서 많은 도움을 받고 있다. 아이트럭을 창업하고 4년이 된 지금, 뒤돌아보면 내 주변에 있는 이 소중한 사람들 없이는 절대 혼자서 여기까지 올 수 없음을 다시금 인지하게 된다. 정말 감사한 일이다.

우리가 다 알고 있는 스티브 잡스도 좋은 파트너 없이는 애플을 창업할 수 없었다. 1970년대 중반, 기술과 비즈니스에 대한 대담한 생각을 지닌 선구자 스티브 잡스는 뛰어난 기술력을 갖춘 뛰어난 엔지니어 스티브 워즈니악을 만났다. 지금 생각해 보면 이들의 파트너십은 잡스의 창의성과 워즈니악의 실행력으로 시너지를 낳았으며, 이를 원동력으로 애플이 탄생했다고 볼 수 있다. 잡스는 기술을 소비자 친화적인 제품으로 고객의 관점에서 제품을 유용하게 사용할 방법을 구상할 수 있었고, 워즈니악은 애플 I 및 애플 II와 같은 혁신적인 장치를 구축할 수 있는 기술 전문 지식을 갖고 있었다. 이들의 협력은 1976년 애플 창립으로 이어졌고, 그 당시 개인용 컴퓨터 혁명이 시작됐다. 워즈니악의 기술적 천재성은 애플에 기본 제품을 제공했으며, 잡스의 마케팅 통찰력과 디자인 및 유용성에 대한 집중은 애플을 글로벌 브랜드로 만들었다.

워즈니악은 결국 일상적인 업무에서 물러났지만, 그들의 파트너십은 애플의 미래 성공을 위한 기반을 마련했으며, 애플의 초기 성장과 혁신의 상당 부분은 잡스의 비전과 워즈니악의 탁월한 기술 간의 시너지 효과에서 기인했다.

스타트업 대표에게 좋은 파트너란 운명의 배우자와 같다. 파트너란 직원이 될 수도, 동업자가 될 수도, 투자가가 될 수도 있고, 성공 여부는 나와 함께하는 그리고 나를 도와주는 파트너들에 의해서 좌우될 수 있다.

최근 스타트업 모임에서 만났던 한 대표님은 공동 창업자와 헤어짐의 과정이 좋지 않아서 직원들도 잃고 회사까지 폐업했다. 또 다른 큰 회사의 대표님은 직원이 고발하게 되어 금전적인 손실까지 겪는 상황이 발생했다. 이러한 일은 조직 내 신뢰와 소통의 중요성을 더욱 부각시키며, 다시금 좋은 파트너에 대해 고민하게 된다. 사람 보는 눈을 키우고 좋은 인재들이 모이게끔 환경을 만드는 것도 대표의 몫이다. 사업뿐만 아니라 인생을 살아가는 데 있어서 좋은 사람들을 곁에 둔다는 건 복이다.

강인한 문화는 조직의 위기를 극복하는 원동력이다

조직문화는 그 조직의 핵심 가치, 사명, 철학, 비전을 온전히 반영하며, 조직의 방향성과 행동 방식을 형성한다. 이는 구성원들이 어떻게 협력하고, 문제를 해결하며, 목표를 향해 나아갈지를 결정짓는 중요한 요소이다. 어떤 문화를 갖고 있느냐에 따라 시스템과 조직체계가 달라질 수 있고, 그에 따른 결과도 달라질 수 있다. 예를 들어, 아이트럭처럼 혁신을 중시하고 이 업계에서 선두주자로 성장해가고 있는 회사는 창의성과 문제 해결 능력을 장려하는 환경을 조성하여 팀을 목표에 맞게 운영할 수 있다.

특히나 현대 직장에서는 조직문화가 그 어느 때보다 중요하다. X세대는 근로 안정성과 충성도를 중요하게 여기며 업무에 관한 실용적인 접근 방식에 대해 집중했던 세대다. 반면 MZ세대는 일과 삶의 균형, 의미 있는 업무를 우선시하고 경력, 성공에 대한 전통적인 개념보다는 경험을 중요하게 생각한다. 이들은 종종 자신의 개인적인 가치와 직업 목표에 맞는 새로운 기회를 찾는다. 이렇게 서로의 가치관과 생각에서 차이가 나는 MZ세대들과 X세대들이 자연스럽게 융화해 나가서 하나의 팀이 되는 과정이 필수적이다. 긍정적인 문화는 동기부여, 충성심, 소속감을 불러일으킬 수 있고, 모두가 잘 알고 있듯, 구글이나 파타고니아 등 유명한 조직문화를 지닌 기업의 직원들은 더 생산적이고 적극적이기 때문에 회사가 계속 성장할 수 있다.

아이트럭에서 중요하게 생각하고 실천해 나가는 몇 가지 문화들을 소개한다.

첫 번째로는 경청하는 문화다. 특히 대표인 나는 항상 내 생각이 옳다고 고집을 부리기보다는 누구의 말이나 경청하려고 노력한다. 열린 사고로 새로운 정보를 계속 습득하려고 노력하고, 회의 중에도 팀장들의 말과 생각을 이해하려고 끝까지 듣는 편이다. 판단을 내릴 때도 가능한 한 그 판단에 연관된 핵심 직원들에게 의견을 듣는 편이다. 그렇기에 팀원들은 항상 의견을 물어봐 주는 회사에 대해 감사하다는 피드백을 많이 주며, 직원들이 존중받고 있다는 느낌을 받는다. 반면, 나도 직원들의 이야기를 들으면서 내가 생각하지 못했던 부분들을 공부하게 된다. 나는 나보다 각 팀의 실무자들이 그 분야에 대해 더 전문가라고 생각한다. 내가 회사에 대한 방향을 제시하면, 그 방향에 맞추어 계획을 세우고 업무를 실행하기 때문에 업무 자체에 대한 전문성은 내가 신뢰한다. 다만, 업무를 진행하는 과정에서 실무자들이 겪는 어려움이 있다면, 내가 그 부분을 서포트해야 한다고 생각한다. 그러므로 회의에서는 항상 진행 사항과 문제점에 대해 듣고, 내가 큰 그림을 그릴 때도 실무자들의 조언을 참고하는 편이다. 아이트럭에서 생각하는 수평적인 조직문화는 하나의 토픽에 대해 모두가 편하게 의견을 내고 서로 경청할 수 있는 문화라고 생각한다. 단, 의견이 하나로 모이고 방향이 결정됐을 때는 업무를 수직적으로 이행한다. 그래야 업무가 빠르고 효율적으로 진행될 수 있다.

두 번째로는 책임감 있는 문화다. 서로 약속한 기한 날짜에 대해서는 무조건 업무를 마무리한다. 업무를 진행하다 보면 피치 못할 사정으로 기한이 밀리는 경우가 있는데, 그때는 회의를 통해 기간 조정이 이루어진다. 타당한 근거가 있어야 가능한 일이다. 내가 맡은 업무를 기한 내에 끝내야 다른 팀의 업무가 이어서 진행되는 경우가 많으므로 기한 내에 업무를 끝내는 건 서로 간에 최소한의 예의라고 생각한다.

마지막으로는 서로 도와주는 문화다. 각 팀이 경쟁하기보다는 하나의 목표를 두고 부족한 부분을 서로 채워주고 같이 협업해서 시너지를 낼 수 있는 문화다. 예를 들어, 영업팀에 영업 관리가 빠져서 급하게 업무를 채워야 하는 경우 경영지원팀에서 나서서 업무 분담을 도와줄 때도 있고, 인사팀장이 자리를 비워야 할 때면 영업팀장이 간단한 서류 업무를 서포트 할 때도 있다. 이뿐만 아니라 고객에 대한 목소리를 듣는 주간이 되면 아이트럭에서는 고객

서비스팀에서만 고객에게 전화를 돌리는 게 아니라, 개발팀, 기획팀, 전략팀 등 모든 부서의 팀장들이 고객에게 전화를 걸어 체계적인 피드백을 받고 어떤 점을 개선할 수 있을지를 논의한다. 아이트럭의 문화는 진정성(운수업을 투명하게 만들고 불공정 거래를 없앤다)에 집중하고, 나를 비롯한 모든 팀장들이 말뿐만 아니라 행동으로 모범을 보이고 분위기를 조성하려 노력한다.

위험한 조직문화로 2001년 파산한 미국의 에너지 및 원자재 기업 엔론이 있다. 엔론 회장은 회사의 윤리보다 주가를 중시하여 직원들이 재정적 목표를 달성하기 위해 규칙을 어기거나 위반했으며, "어떤 대가를 치르더라도 승리한다."라는 사고방식을 장려했다. 또한, 소통과 투명성에 대해서 직원과 경영진이 결정에 대해 의문을 제기하거나 우려 사항을 제기하지 못하도록 분위기를 조성했으며, 직원들은 비윤리적인 행동을 하더라도 무조건 결과를 내야 한다는 압박을 꾸준히 받았다. 직원평가 체계에서도 회사는 매년 직원 순위를 매기고 하위 15%는 해고하는 직급성과 평가 제도를 시행하며, 직원들이 협업 대신 개인의 생존을 우선시하는 두려움과 이기적인 경쟁의 문화를 조성하게 되는 계기가 된다. 이 때문에 직원들은 회사의 성장을 위해 함께 시너지를 내고 팀워크를 이루는 대신 서로 방해하고 험담하게 된다. 엔론은 심지어 시장 조작에까지 관여하게 된다. 에너지 가격을 높이기 위해 발전소를 오프라인으로 전환하여 의도적으로 캘리포니아에 인위적인 전력 부족을 일으키고, 재정문제를 숨기고 수익을 부풀리기 위해 회계도 조작하게 된다. 2001년 내부고발자가 회사의 사기 행위를 폭로하면서 한때 90달러에 달했던 회사의 주가는 순식간에 1달러 아래로 떨어졌다. 늘어나는 부채, 주가 폭락, 채권자들의 지급 요구로 인해 엔론은 파산했으며, 이는 당시 미국 역사상 최대 규모의 기업 파산이 되어 수천 개의 일자리와 수십억 달러의 주주가치를 앗아가는 사건이 되었다. 이렇듯 큰 규모의 회사도 조직문화로 인해 한순간에 없어질 수도 있다는 교훈을 얻을 수 있다.

강인한 문화는 위기나 급격한 변화 속에서도 팀을 이끌어 갈 수 있다. 리더로서 가치관을 지속적으로 공유하고, 모범을 보이는 것은 긍정적인 문화를 이끌어 가고 형성하는 데 핵심적인 역할을 한다.

'빠른 실패, 빠른 학습'의 실행력이
전체 생산성을 높인다

아무리 좋은 아이디어라도 실행하지 않고, 그 가치를 보여주지 않으면 그 자체로는 아무런 의미가 없다. 아이디어는 실현되어야만 진정한 가치를 발휘한다. 많은 사람들이 좋은 비즈니스 모델, 돈을 벌 수 있는 사업 아이템을 논의하지만, 그걸 실행해 내는 사람은 극소수에 불과하다. 특히 스타트업은 제한된 시간, 예산, 인력으로 운영될 수밖에 없기 때문에, 효과적인 실행을 통해 리소스를 올바른 우선순위에 할당하고 낭비 없이 결과를 극대화하는 것이 중요하다. 또한, 효율적인 실행을 통해 더 빠르게 시장을 테스트하고 더 빠른 피드백을 얻을 수 있다. 실행은 비전을 가치로 변화시키고, 비전에 대한 회사의 의지를 보여주며, 직원들에게 영감을 준다.

시장조사를 하고 아이트럭 앱을 출시하기 전, 아이트럭을 중고트럭이 필요한 기사님들께 알릴 방법이 무엇이 있을지를 논의했다. 기사님들을 인터뷰하다 보니 대개 짐을 싣는 동안 유튜브를 시청하신다는 정보를 입수했다. 2020년 당시만 해도, 운수 쪽에서 전문적으로 활동하던 유튜버는 거의 없던 시절이다. (요새는 아이트럭 유튜브 론칭 이후 우리를 벤치마킹한 개인 채널이나 매매 상사들의 트럭홍보 영상 채널들도 많이 생겨난 상태이다.)

"에이, 말도 안 돼요. 유튜브는 정말 끼가 있는 애들이 앵커로 나서서 해야지 할 수 있어요. 우리는 절대 못 해요."

우리 팀원들 전부 유튜브 홍보 마케팅에 대해 부정적이었고, 이유는 막연함에 대한 두려움이었다. 유튜브 채널을 잘 관리하려면 시간과 비용이 필요했고, 해보지 않은 우리로서는 큰 산처럼 느껴졌다. 대중을 타깃으로 하는 재미있는 채널이나 정보성 채널들이 많던 시절로, 운수업이라는 키워드로 사람들의 관심을 끌 수 있을지에 대한 불안감이었다. 우려스러운 의견들도 있었지만, 우리 모두의 마음에는 아이트럭을 성공시키기 위해는 뭐든 일단 시작해 봐야 하지 않을까 하는 의견이 지배적이었다. 해외 채널들도 검색해보고, 일단 시작을 해서 영상 10개까지 올리고, 그래도 안 되고 비용지출이 심하면 그때 다시 논의해보기로 했다.

설득을 통해 아이디어를 브레인스톰 하기 시작했다. 유튜브의 취지는 아이트럭 홍보도 있었지만, 나아가 화물운송업에 대한 인식을 개선하고, 아이트럭이 그냥 중고트럭을 파는 회사가 아님을 알리는, 다시 말해 우리의 가치에 대해 홍보하고 싶었다. 논의 끝에 "트럭은 오늘도 달린다"라는 콘셉트를 잡았다. 기사님들을 초점으로 트럭운전이라는 직업이 힘들지만 얼마나 필수적이고 소중한 직업인지, 기사님들의 삶도 얼마나 반짝반짝 빛나고 있는지, 정말 평범한 사람들의 이야기를 유튜브에서 보여주면서, 초심자들에게 필요한 정보(예를 들어 매출 매입, 사기당한 이야기 등)를 공유하면 좋지 않을까 하는 의도로 취재를 시작했다.

　기사님들도 누군가의 아버지이며 아들이다. 이분들의 이야기에 가까이 다가가 공감하고 싶었다. 기사님들은 보통 혼자서 운전하시는 시간이 많으므로 전화로 이야기를 경청해드리면 좋아하셨던 기억이 나서 시작하게 되었고, 반응은 예상외로 폭발적이었다. 기사님들이 몰리기 시작하면서 본인도 찍고 싶다며 자발적으로 연락 하신 분들도 많았고, 본인의 인생 뭐 이야기할 거 있냐고 하시면서도 막상 촬영하러 가면 너무 흥분해서 좋아하시는 분들의 모습을 보니 화물자동차산업에 대한 정보제공과 운송업의 인식개선에 아이트럭이 힘쓸 수 있겠다는 생각에 우리 팀도 들떴다. 사업뿐만 아니라 화물인의 결속력을 높이고 자부심을 심는 기회를 제공하고 누군가에게 희망을 준다는 사실만으로도 그 실행이 매우 값진 일이라고 생각된다.

　3개월 만에 영상 10개를 올리고 구독자 10,000명을 찍었으며, 100만 회가 넘는 영상들도 탄생했다. 스타트업에서 이루어지는 모든 회의는 가설에 대해서 많이 논의하곤 한다. 나의 경험을 바탕으로 보면, 일단 무엇이듯 실행에 옮기고 시장을 두드려본 후, 계속 시장에 맞게 변형해 가는 과정이 스타트업의 본질이며 성공의 핵심이라고 조언하고 싶다.

1970년대 석유 위기 동안 많은 자동차 제조업체는 높은 비용과 비효율성으로 어려움을 겪었다. 자동차 제조업체가 힘들어하고 있을 때, 토요타는 JIT(Just-in-time) 시스템이라는 걸 바로 실행했다. JIT 시스템으로 경쟁력을 유지하고 생산 수준을 신속하게 조정하며 변화하는 소비자 선호도에 맞는 연료 효율적인 차량을 제공할 수 있었다. 이러한 민첩성은 토요타가 상당한 글로벌 시장 점유율을 확보하는 데 도움이 되었다.

토요타 JIT의 핵심요소는 4가지로, 바로 실행되었다. 재고 낭비 최소화(자재와 부품이 생산에 필요할 때 정확히 도착하도록 보장하여 대규모 창고의 필요성을 줄이고 보관 비용을 낮추는 것), 풀 시스템(생산 프로세스는 예측보다는 고객 요구에 따라 진행되며, 이를 통해 생산이 시장 요구에 밀접하게 맞춰져 과잉 생산을 줄일 수 있음), 강력한 공급업체 관계(공급업체와 긴밀한 파트너십을 구축하여 안정적이고 시기적절한 자재 배송을 보장하기 위해 공급업체는 신속한 대응을 위해 토요타 제조시설 근처에서 근무하는 경우가 많았음), 품질에 집중(지속적인 개선 및 자동화와 결합해 결함을 즉시 식별하고 수정하여 재작업이나 폐기로 인한 낭비를 방지)이 바로 그것이다.

그 결과 토요타는 재고 수준을 낮추고 효율성을 개선함으로써 운영 비용을 크게 줄였다. 또한, 시스템을 통해 시장 수요에 빠르게 적응하고 리드 타임을 최소화할 수 있었으며, 전 세계적으로 운영을 확장하여 세계 최대의 자동차 제조업체 중 하나가 될 수 있었다. 이렇게 위기를 적극적인 실행력으로 기회로 만든 토요타는 2024년에도 좋은 성과를 거두고 있다.

"실행이 없는 비전은 단지 환각일 뿐이다."

실행을 잘하기 위해서는 모든 프로젝트나 작업에 대해 명확한 담당자를 지정하고 타깃 일정을 설정해야 한다. 또한, 실행 효율성을 모니터링하는 핵심성과지표를 추적하는 것도 한 가지 좋은 방법이다. 아이트럭에서는 뭐든 아이디어가 나오면 테스트해보고 바로 실행하는 문화를 갖고 있다. 실행했는데 결과가 좋을 수도 있고 나쁠 수도 있지만, 결과가 나쁠 땐 절대로 사람을 탓하지 않고, 실행하는 과정과 결과를 도출해 내는 과정에서 어떤 부분에 오류가 있는지, 아니면 실행 방향 설정을 다시 잡아야 하는지에 대한 논의를 통해서 또 다른 실행 아이디어를 도출해 내고, 결괏값이 성공할 때까지 실행을 반복한다. 그런 경험들을 통해서 팀워크도 더 돈독해지고, "빠른 실패, 빠른 학습"으로 전체 생산성을 높일 수 있다.

성공한 경영자의 손에는 반드시 책이 있다

아버지는 집에 계실 때 항상 책을 읽고 계신다. 내가 어릴 적뿐만 아니라 지금도 책의 주제만 바뀌었을 뿐, 손에서 책을 놓지 않으시고 여전히 많은 것을 배우며 끊임없이 깨달음을 얻는 것을 즐기신다. 그런 아버지 밑에서 자라다 보니 자연스럽게 책이 항상 주변에 있었고, 모르는 게 있거나 어떤 분야에 흥미가 가는 주제가 있으면 항상 책을 찾게 되었다. 아이트럭을 창업했을 때, 스타트업 관련 분야의 책들을 찾아 읽었고, 플랫폼 분야 및 투자 관련 주제들도 함께 읽으면서 아이트럭에 적용할 수 있는 사례들을 참조했다.

지금까지도 책은 나의 선생님이자 멘토이다. 최근 마케팅 CRM(고객관계관리) 에 관련하여 고도화를 시키고 싶었고, 바로 교보문고로 가서 CRM 관련 책들을 3권 이상 사서 읽었다. 책을 읽으면 새로운 아이디어들이 떠오르고 그 아이디어들로 적용해서 단시간에 지표를 끌어올릴 수 있었다.

나는 태생이 사람을 좋아하고 잘 믿는 편이다. 그래서 어렸을 때부터 많은 사람을 믿고, 있는 그대로 도와준 적도 많았지만, 그로 인해 뒤통수를 맞는 경우도 종종 있었다. 마음 아픈 적도 있었지만, 그것 또한 경험이라 생각하면서 긍정적으로 인간관계를 공부했다. 친구들과의 관계나, 사람과의 관계에서는 조금 손해 봐도 내 감정과 관계를 조율하면 크게 문제 될 것이 없지만, 비즈니스에서는 사람을 보는 법, 사람을 거르는 법, 반대로 내 사람으로 만들고 내 사람을 알아보는 법은 비즈니스 확장에 있어 아주 중요한 요소 중에 하나라고 생각한다.

"열 길 물속은 알아도 한 길 사람 속은 모른다."라는 말이 있듯이, 실제적 인간관계의 습득과 경험이 중요하겠지만, 그때 접했던 책 중에 한 권이 로버트 그린의 《인간 본성의 법칙》이다. 나는 창업 후에 이 책을 바이블처럼 꺼내 보았다. 사람 관리를 할 때 이해가 되지 않거나, 화내는 방법을 조절할 때 나에게 꼭 필요한 책이었다.

책 내용을 보면, 어떨 때 인간의 속마음이 드러나는지, 인간은 왜 이기적인 동물인지, 인간의 본성을 낱낱이 설명하면서 그 자체를 받아들이고 감정을 조절하라는 내용이 담겨있다. 그래서 직원에게 마음이 상할 때, 거래처에서 상식이 아닌 요구를 해올 때, 파트너사가 예의를 지키지 않을 때, 항상 책을 펴고 내 상황과 비슷한 꼭지를 찾아서 책을 읽으면 현명하게 감정을 조절하면서 대응하는 방법을 많이 배웠다. 창업 후 첫 1년은 직원 관리를 위해 수시로 자리에 앉아서 책을 펴고, 글귀를 읽었던 기억이 난다.

사실 사업은 기술적 역량도 중요하지만, 더 중요한 건 사람 관리(사람에게 마음을 얻는 법)라고 생각한다. 책에서 그걸 배웠다. 우리 회사의 업무를 해주는 것도 직원들이고, 고객에게 마음을 얻어야 매출도 올라간다. 회사의 직원이 열심히 책임감을 지니고 일하게끔 로열티를 만드는 것도 대표가 해야 할 일이다. 예전에는 모두가 회사의 로열티를 갖고 업무에 임하는 걸 당연시 여겼던 세대도 있지만, 지금 세대는 왜 회사에 로열티를 갖고 일해야 하는지에 대한 동기부여나 명분을 주는 것도 대표의 역할이라고 본다. 그러기 위해서는 사람의 마음을 사고, 회사의 대표로써 모범을 보이며 존경을 받아야 한다. 존경받는 사람이 되려면, 먼저 나 자신부터 성숙하고 큰 그릇을 가진 사람이 되어야 한다.

책을 읽는다고 다 성공하는 건 아니지만, 성공한 대표들 가운데 책 읽는 걸 게을리하는 사람은 없다. 대표적인 예로 Microsoft (마이크로소프트)의 공동 창업자인 빌 게이츠는 자신의 블로그에서 추천도서를 자주 공유하며 비즈니스뿐만 아니라, 역사, 과학 등 다양한 주제를 읽으며 연간 50권이 넘는 독서량을 보인다. 빌 게이츠는 독서에 대한 열정이 성공적인 기업가가 되는 데 도움이 된 중요 요인 중 하나라고 이야기한다. 독서를 통해 다른 사람의 경험과 아이디어를 배울 수 있으며, 이는 결국 자신이 회사의 대표로서 결정과 판단을 하고 리더로 성장하는 데 도움이 된다고 절대적으로 믿고 있다. 빌 게이츠뿐만 아니라 테슬라 및 스페이스X로 유명한 일론 머스크는 항공우주 공학에 대한 정식 교육을 받은 적이 없음에도 불구하고 로켓에 대한 지식을 책을 통해 배웠다고 주장한다. 머스크는 우주 탐험에 대한 열정을 갖고 있었고 항공우주 공학 분야의 논문 자료를 포함하여 물리학, 로켓 공학에 관한 교과서를 읽었다고 언급했다. 머스크는 책을 넘어서 나사 (NASA)의 엔지니어와 항공우주 분야의 다른 전문가를 포함해 해당 분야의 전문가들과 소통하며 정규 교육 없이도 통찰력 있는 질문을 하고 복잡한 개념을 이해할 수 있었다. 머스크는 책에서 얻은 지식을 통해 스페이스X가 직면한 문제에 직접 적용하면서 로켓을 성공적으로 발사하고, 우주여행에 혁명을 일으킨 회사를 설립하는 데 도움을 받았다. 이렇게 보면, 책을 읽고 전문가와 교류하고, 배운 내용을 적용하는 데 시간을 투자함으로써 그는 고도로 기술적인 분야의 권위자가 될 수 있었다.

사업에는 경험이 중요한데, 책을 읽으면 내가 경험하지 못했던 부분들을 간접적으로 알게 되는 기회를 준다. 간접적 경험에서 깨달음을 얻고, 더 성장할 수 있게 되는 것이다. 무언가 습득할 때 책을 읽음으로써 지식을 쌓고, 간접적 경험을 하며 시간을 단축할 수 있다.

어떤 책을 읽어야 하는지에 대해 스타트업 대표를 맡은 후배들이 물을 때가 있다. 나는 책이란 때에 맞게 골라 읽어야 한다고 생각을 하는데, 두 가지로 조언을 해준다. 한 가지는 인간관계에 지치고 인생에 지쳤을 때 마음이 위로되는 책이고, 또 다른 한 가지는 지식이 들어가야 하는 책들인데, 이렇게 두 분류로 나누어서 읽는 편이다. 마음이 어지럽고 관계에 대한 부분이 필요할 때 나는 리차드 그린의 《인간 본성의 법칙》을 자주 꺼내어서 본다. 그러다 보면 인간의 본성을 공부하게 되고, 남이 아닌 나 자신을 어떻게 개선할 수 있을지에 대해 뒤돌아보게 된다. 또한, 각 사업 스테이지에 맞는 책들을 찾아보는 편이다. 초반에 아이트럭을 창업했을 때는 플랫폼 관련된 책들을 많이 읽었고, 최근에는 마케팅 관련 (CRM 등), 그리고 AI 관련된 서적들을 찾아서 읽고 있다.

책은 나의 선생님이자, 내 마음에 힐링을 가져다준다. 나는 어릴 때부터 집에 큰 책장 서가 코너가 있었다. 지금도 우리집에는 독서를 할 수 있는 공간과 서가가 마련되어 있다. 집이든, 회사이든, 책을 읽을 수 있는 책장을 꼭 두는 것을 추천한다. 책은 지혜와 영감을 주는 소중한 자원이며, 언제든지 손쉽게 접근할 수 있는 책장이 있으면 생각의 깊이가 더해지고, 그만큼 삶의 질도 높아질 것이다.

내가 포기하지 않으면
회사는 지속 가능하다

나는 아이트럭을 반드시 성공시킬 수 있다고 믿는다. 다만, 그 절대적인 전제는 '끝까지 포기하지 않는 것'이다. 대다수 회사가 폐업하고 망하는 이유가 무엇인지 잘 지켜보면, 대표가 회사를 놓고 포기하기 때문이다. 포기하는 순간 회사는 청산 절차에 들어간다. 위기상황에서도 대표가 끝까지 포기하지 않고 운영을 지속한다면, 비즈니스 모델을 바꿔서라도 회사는 지속하게 된다. 주변에 피벗을 8번 하고 지금 시리즈 B까지(누적투자액 약 300억) 간 대표님도 보게 됐다. 내년에 상장 준비를 한다고 하셨다. 13년간 피벗을 8번 했다는 건, 그 긴 시간 포기하지 않고 될 때까지, 고객이 만족할 때까지 테스트하고 실행했다고 볼 수 있다. 절대적인 조건이 '포기하지 않는다면 성공한다.'라는 사례를 실제 내 눈으로 경험한 셈이다.

사실 나도 포기하고 모든 걸 내려놓고 싶을 때가 있다. 매 순간 나를 좌절시키는 일들이 쏟아지고, 보통 그런 좌절이 쌓이면 결국 포기로 이어지기 마련이다. 운영자금이 말라가서 투자사를 설득해야 하는데 예의 없는 대우를 받거나, 신임하던 직원이 사실 뒤에선 딴생각을 하고 있던 걸 알게 되거나, 계약을 무조건 한다고 했던 거래처의 담당자가 무책임할 때, 대표들은 보통 좌절한다. 가끔은 부도덕한 상황들에 맞이하게 되거나, 사람에 지칠 때도 많지만, 나는 절대로 포기할 수 없다. 운수업의 혁신이라는 꿈을 갖고 사명감이 있으므로, '이런 문제들은 큰일을 치르기 위한 작은 장애물에 불과해. 그냥 과정일 뿐이야. 이렇게 해야 하는 거야'라고 마음속으로 다짐하며 버텨낸다. 주변에서 "대표님은 어떻게 스트레스를 푸세요? 어떻게 계속 열정적으로 파고들 수 있어요?"라는 질문을 종종 받는다. 그때마다 생각을 해보는데, 사실 나는 술도 잘 못 마시고, 집에 가면 아들 둘이 날 기다리고 있어서 스트레스를 풀기 위해 뭔가 할 수 있는 시간 자체가 잘 없다. '스트레스를 받는다'라는 개념은 '시간이 좀 있고 여유가 있어야 느낄 수 있는 건가?'라는 생각도 들었다. 하루하루가 너무 바쁘게 지나가고, 제한된 24시간 안에서 대표의 역할, 엄마의 역할을 같이 하다 보니 내가 잘하고 있는지 가끔 생각도 안 날 만큼 나는 그냥 매일 해야 할 일을 하고 또 하루를 보낸다. 단, 아이트럭을 운영하면서 가끔 직원들과 농담을 주고받으며 웃고 지나가는 일, 원하는 목표를 달성했을 때의 희열 같은 경험들이 나의 스트레스를 풀어주는 것 같다. 고등학교 때 괴롭게 매일 공부해도 대학에 합격하면 이제까지의 모든 스트레스를 보상받는 것처럼, 회사에 다닐 때도 나는 항상 목표를 향해 최선을 다하고, 그 목표를 잘 달성하면 된다고 생각한다. 한마디로, 내가 정말 잘하면 된다는 마음가짐으로 임했다.

작년 시리즈 A 투자 라운드를 돌 때, 많은 투자사들이 적극적으로 투자를 하고 있지 않았던 시기였다. 특히나 플랫폼 기업이라고 하면 만나주지도 않는 투자사들도 있었다. 당시 주변에 플랫폼 기업으로 투자유치에 성공한 대표는 찾기 어려웠다. 그런 상황에서 서른 군데 이상의 투자사들을 만나고 설득시키는 과정에서, 어차피 플랫폼 기업은 이제 한물갔으니 다녀봐야 크게 소용없다고 생각하는 대표들도 있었다. 하지만 플랫폼이라도 다 똑같은 비즈니스 모델을 지닌 건 아니고, 플랫폼으로서 아이트럭의 장점은 충분하다고 확신했다. 사실 첫 투자를 받을 때도, 트럭 쪽의 선두기업도 없고 온라인에 정보도 잘 나오지 않는 산업이었기 때문에 투자를 받기 어려울 거라고 주변에서 많이들 이야기했었지만, 아이트럭의 혁신성과 강점을 이해해 준 투자사들이 적극적으로 투자를 해준 경험이 있었다. 투자를 준비하고 받는 데까지 거의 6개월의 시간이 걸렸고, 그 시간 동안 회사의 비전이나 목표를 다시금 계획하고 재정비하는 시간이 되기도 했다. 막 창업한 대표님들이 "투자 어떻게 받아요? 못 받으면 어떡해요?"라고 하지만, 내가 항상 하는 말이 있다. 투자를 못 받는 건 없다. 받을 때까지 투자사들을 만나러 다니고 설득하고, 투자사들이 원하는 내용으로 계속 수정해 나가고 발전해 나가면, 내가 포기하지 않으면 무조건 투자는 받을 수 있다.

　최근 경기가 악화하면서 주변에서 회사를 철수하는 대표들도 보게 된다. 그럴 때마다 순간순간 두렵기도 하다. 오래 산 인생은 아니지만 40년 넘게 살다 보니 포기할 수밖에 없는 것들도 있다는 걸 현실적으로 알고 있다. 하지만 최선을 다해야 그런 상황을 맞이해도 후회 없는 상황 앞에 또 도전할 수 있는 용기를 가질 수 있다고 믿는다. 만약 내가 무언가에 포기를 결정한다면 그건 포기가 아니라 새로운 시작의 도전일 것이다. 잠시 포기하고 돌아가는 거지 절대 영원한 포기는 아닐 것이다. 혹시 내가 이 순간에 큰 병에 걸리거나 (그러면 안 되겠지만) 쓰러지거나 한다면 어쩔 수 없이 포기되는 부분이 있을 수 있을 것이다. 그래서 대표일수록 더 건강에 신경을 써야 한다. 스티브 잡스의 사례를 보면 정말 큰 걸 이뤄냈지만, 건강 문제로 인해 어쩔 수 없이 포기된 부분이 있다고 보인다. 개인적 인생으로서 슬픈 삶이라고 보일 수 있기도 하고, 시한부 인생에서 더 성장한다는 건 현실적으로 어려운 부분도 있다. 나도 어려운 부분이지만 바빠도 하루 이틀은 휴가를 내고 쉬려고 노력한다. 잘 쉬고 회복된 마음으로 회사를 바라보면 문득 번뜩이는 아이디어가 떠오를 때도 있다. 이처럼 포기하지 않고 끈기 있게 회사를 경영하려면 체력도 꼭 뒷받침되어야 한다.

스타트업 대표는
귀를 열어야 한다

똑똑한 대표가 가장 많이 하는 실수 중의 하나는, '내가 모든 걸 다 할 수 있다. 내가 모든 걸 다 알고 있다'라는 착각이다. 당연히 산업과 비즈니스 모델에 대한 믿음과 잘될 수 있다는 가능성에 대한 부분에 대해서는 확신과 정확한 방향에 대한 계획이 있어야 한다. 하지만 리더십에 있어서 경청의 힘은 아주 중요하다. 리더로서 우리는 흔히 듣는 시간보다 말하는 시간이 많기 마련이고, 결정하고 판단하는 데 중점을 두게 된다. 리더로서 하고 싶은 일도 많고, 진행을 빠르게 하고 싶다는 열정 때문에 팀들과 회의를 하다 보면 말이 많아지게 된다. 하지만 팀을 진정으로 이해하고, 영감을 주며, 이끄는 데 필수적인 중요한 기술 중의 하나는 경청이다. 경청을 통해 진정한 문제점을 파악하거나 해결하는 데 시너지를 낼 수 있다.

아이트럭을 창업하고 고객들을 유입시킨 후, 나는 딜러(중고트럭을 판매하는 매매 상사)들에게 방문은 필수라고 생각을 했다. 우리는 거래 플랫폼이기 때문에, 한 달에 한 번은 딜러분들을 대면으로 만나서 시장 상황들도 듣고 관계를 지속하면서 로열 고객층을 돈독하게 쌓아야 한다고 확신했었다. 그래서 초반에는 영업팀에서 자주 방문해서 인사도 하고, 관계 형성을 위해 많은 시간을 투자했었다. 지금 사업 초반을 뒤돌아보면, 우리 팀이 한 일 중에 가장 잘한 것은 딜러 고객들과 네트워크를 만들고, 그들의 문제와 요구 사항을 파악해서 앱을 계속 개선해 나간 부분이라고 할 수 있다. 매번 리뉴얼 할 때마다 딜러분들을 직접 방문해서 필요한 부분들을 물어보고 기능에 바로 적용했다. 꼭 리뉴얼 시기가 아니라도 중요한 기능이라고 생각하면 바로 앱에 적용해 배포했다. 초반 1년 동안 2주에 한 번은 우리 앱을 개선하면서 계속 필요한 기능들을 추가시켜 갔다. 그중에 '원스톱 차량 조회 시스템'이라는 서비스는, 딜러분들이 차량을 매입할 때 세 군데의 사이트를 방문해서 수집했던 정보를 (보험 관련 정보, 차량 원부, 특장 관련 정보) 아이트럭 앱에서는 한 곳에 정보를 펼쳐놓고 한 번에 제공하는 서비스를 내놓았다. 편리하게 한 곳에서 정보를 보여 줄 뿐만 아니라 적정 트럭 매입가격 시세까지 보여주면서 딜러분들 사이에서의 바이럴 마케팅으로 많은 분들이 편리하고 정확한 정보를 얻게 되었다. 회사 차원에서도 고객 리텐션이 올라갔으며 딜러분들과의 관계도 더 돈독해지는 계기가 되었다. 딜러분들뿐만 아니라 차량을 구매하는 기사님들과도 분기에 한 번씩 오프라인에서 자리를 만들어 그들의 시장에서 겪고 있는 불편함과 문제점을 경청하며 서비스에 녹여냈고, 지금도 이 관계는 꾸준히 이어지고 있다. 이렇듯 아이트럭의 강점 중의 하나는 항상 고객과 밀접하게 소통하고 그들에게서 배우고, 바로 개선을 한다는 점이다.

코닥은 한때 사진 산업의 선두주자였다. 코닥은 1996년 매출이 약 160억 달러에 이르며 전 세계 사진 시장에서 거대기업으로 자리매김하는 상당한 성과를 보였다. 하지만 2012년 코닥은 파산신청을 하게 된다. 한때 사진업계에서 촉망받던 거대기업이 파산신청까지 가게 된 계기가 무엇일까? 1970년 코닥의 엔지니어 중 한 명인 스티브 새슨(Steve Sasson)이 디지털 카메라를 발명했다. 그러나 코닥의 경영진은 디지털 사진이 수익성 있는 영화 사업을 위협한다는 이유로 디지털 사진을 외면했다. 변화하는 시장의 요구에 귀를 기울이지 않고, 엔지니어의 발명을 일축하며 디지털 사진의 잠재력을 무시하는 방향을 택한다. 경영진은 디지털 사진을 기회가 아닌, 핵심 사업에 대한 잠재적인 위협으로 여겼다.

새슨은 계속해서 디지털 사진을 개발하고 개선하며 기술에 대한 특허를 받았지만, 필름 판매가 잠식될 것을 두려워하여 대부분 회사 내부에만 보관하게 된다. 이러한 망설임으로 인해 코닥은 중요한 기회를 놓치게 되었고, 기술이 발전함에 따라 소니 (Sony), 캐논 (Canon)과 같은 회사들은 디지털 사진 제품을 개발하기 위해 빠르게 움직이며 시장점유율을 확장해 나가게 된다.

새슨의 발명 이야기는 회사 내에서 혁신에 귀를 기울이고 '경청' 하는 일에 대한 중요성에 관한 교훈으로 볼 수 있다. 특히 기존 비즈니스 모델에 도전해서 산업에 혁신을 일으키고 싶을 때 더욱더 경청은 필수적이다.

스타트업 분야에서 대표에게 경청을 더 강조하는 이유는, 너무 바쁜 와중에 경청하기가 현실적으로 어렵기 때문이다. 제한된 시간에 너무 급하고 압박도 받는 와중에 시야가 좁아지기 마련이다. 그래서 도리어 더 신경 써야 할 부분은 경청하는 것이다. 직원들, 고객들, 파트너사들 모두의 말에 귀를 기울여 경청하는 게 중요하다. 그래서 아이트럭에서는 경청을 하기 위한 미팅 시스템을 만들어 놓는다. 주간회의 때는 초반에 보통 대표가 말하지 않고 듣는데 더 집중한다. 그리고 각 팀의 방법론과 생각(Why에 대한 부분)에 대해 듣는 시간을 갖는다. 이렇게 조직적으로 경청할 수밖에 없는 시간과 문화를 만들다 보면 충분히 새로운 아이디어들이 도출되고, 시너지가 날 수 있다. 말하는 것보다 더 많이 듣는다면, 우리는 혼자 할 수 있는 것보다 더 많은 것을 배우고 더 나아가 산업을 혁신하는 데 더 빠르게 갈 수 있다.

나에게도, 일에도, 타인에게도 초심이 중요하다

아이트럭이라는 플랫폼을 시작했을 때, 나의 비전은 단순히 '사업을 시작해서 돈을 많이 벌어야지'가 아니었다. 나는 운수업을 경험하면서 시장의 문제를 온전히 경험하고 실감했으며, 중고트럭을 거래하는 안정적인 방법이 필요한 사람들을 위해 실제 문제를 해결하는 것이었다. 처음 금융업에서 떠나, 아버지를 도와드리러 운수업에 뛰어들었을 때 낙후된 시장과 확연히 존재하는 문제점을 경험했고, 이런 폐쇄적인 시장에서 IT를 접목하면 운수업의 혁신을 일으킬 수 있겠다는 확신이 들었다. 어느새 두 아이의 엄마가 되고 '커리어와 가정 둘 다 잘 꾸려 갈 수 있을까'라고 나 자신에게 질문하며 나름 사명감으로 세운 결심이었다. 한 해가 지나갈수록 인원이 늘어나고, 인원이 늘어날수록 내가 더 숨 쉴 수 있을 거라고 생각했지만, 사실은 정반대였다. 더 바쁜 나날들이 이어졌고,

매번 '이번 투자만 받으면, 이번 계약만 따내면, 이번 지표만 올리면'이라고 생각하며 하루하루 버텨냈지만, 끝이 보이지 않는 시간을 계속 지나고 있었다.

사실 회사를 운영하다 보면 한계를 느낄 때가 종종 있다. 창업을 한 지 4년, 서비스를 운영한 지 2년 반 이지만 뒤돌아보면 정말 많은 경험을 했다. 연봉을 위조하고 들어왔던 직원, 마케팅 계정을 삭제하고 나가는 직원, 본인이 디자인한 작업물을 삭제해 놓고 나가는 직원. 회사를 경영하다 보니 사람에게 환멸을 느끼는 경우도 많았고, 대표라는 타이틀을 떼고 욕을 퍼부어 주고 싶은 순간들도 많았다. 이뿐만 아니라 같이 일하는 직원이 책임은 다하지 않고 권리만 주장할 때, 업무에 집중하는 게 아니고 본인의 이익에만 집중하고 회사의 분위기를 흐릴 때, 그런데도 묵묵히 열심히 일하고 있는 나의 열정에 상실감이 드는 경우가 있다.

아이트럭 시리즈 A 투자 라운드를 열고 투자유치 당시, 한 투자사의 팀장이 회사로 찾아와 관심이 있다며 회사 소개를 부탁했다. 투자를 받기 어려운 시기였기 때문에 나는 없던 일정을 맞추어 회사에 대한 비전과 우리 팀의 열정에 대한 설명을 쏟아 내고 있었다. 그런데 의자를 뒤로 기대고 설명하는 내 눈도 보지 않고 노트북으로 카톡을 하는 건지 메모를 하는 건지 계속 한숨을 쉬고 인상을 쓰면서 나중에는 코웃음까지 치기 시작했다. 나는 설명을 끊고, 불편한 부분이 있으면 중간중간 질문을 해도 된다고 말씀드리고, 이해가 안 되는 부분은 바로 질문을 해주셔도 된다고 이야기했다.

하지만 한사코 본인은 무조건 설명이 다 끝나야 질문을 하는 스타일이라고 하며, 끝까지 비아냥거리는 태도로 듣고 있었다.

설명이 끝나고 질문을 할 때도, 논리적이지 않은 질문으로 시작해서, "아무래도 이 사업이 잘 되기가 어려울 텐데, 왜 하고 있냐"라는, 모욕감까지 느끼게 하는 언행들을 쏟아 냈다. 그래도 미팅은 최선을 다해 마무리하는 게 프로페셔널리즘이라고 생각하여 나는 모든 질문에 답을 하고 미팅을 끝냈다.

미팅이 끝나고 모욕감, 상실감, 자괴감 등 별의별 생각이 다 들고, '내가 이렇게까지 하면서 누구 좋으라고 이 사업을 하나'라는 생각까지 들었다. 심지어 그 심사역은 업계에 들어온 지 1년 된 초보에, 투자에 대한 전문 지식이나 경험도 부족한 상태였다. 사실 나의 삶 자체가 어디 가서 욕을 먹거나, 예의 없이 나를 대하는 일들이 많지는 않았다. 그런 무례한 태도와 불필요할 정도로 모욕적인 언행이 오갔던 미팅은 너무나 당황스러웠다. 그 미팅 당시에는 조절은 했지만, 화가 나서 제대로 집중조차 할 수 없을 정도였다. '지금 당장 그만둬도 먹고사는 데는 크게 문제가 없는데, 도대체 왜 이 고생을 하고 있는 걸까?'라는 생각이 들 때도 있었고, 함께 일하던 동료가 사고를 치고 떠날 때마다 환멸을 느끼며 초심을 잃을 뻔한 순간들도 많았다.

하지만 이런 감정이 밀려올 때마다, 그리고 한계에 부딪힐 때마다 나는 다시금 마음을 다잡고 처음의 뜻을 떠올린다. 내가 그리고 우리 아이트럭 팀이 운수업의 혁신을 일으키기 위해 하루하루 뛰고 있다. 만약 아이트럭이 운수업에서 트럭 거래를 투명화한다면, 이는 혁명적인 일이고, 이를 이루기 위한 과정에서 이런 일들은 정말 사소한 해프닝에 불과하다는 사실을 다시금 깨닫게 된다.

큰일을 해내려면, 그리고 아이트럭이 성공한 날들을 머릿속에 그리면 이런 일들은 나중에는 추억으로 돌아볼 수 있을 것 같다는 생각이 든다. 그렇게 내가 원하는 목표를 머릿속에 다시 상기시키면서 하루하루 버텨낸다. 그리고 생각한다. 내가 정말 돈 버는 것만 추구하고 아이트럭을 창업했다면 계속 나에게 버티는 힘과 원동력이 유지되었을까? 사업을 하려면 내가 정말 믿고 있는 이 업에 대한 사명감이 중요하다는 걸, 한계점에 이를 때마다 다시금 느끼게 된다.

나는 오늘도, 그리고 이 글을 쓰는 바로 지금 순간에도 초심을 다잡기 위해 노력하고 있다. 아마 내일도 그리고 앞으로도 그럴 것이다. 워킹맘이자 엄마로서 나의 초심은, 우리 아이들에게 인생을 적극적으로 사는 모범을 보이자는 것이었다. 그리고 아이트럭 대표로서의 초심은 운송업의 첫 단추인 트럭거래를 혁신시키겠다는 것이었다. 지금까지 경험했던 힘듦, 아픔, 외로움, 그리고 분명히 앞으로 다가올 또 다른 힘듦과 어려움도, 어쩌면 지금보다 훨씬 더 어려운 일들도 하나씩 문제를 해결해 나가면서 하루하루 버텨나간다고 생각한다.

사실 다른 누구보다 나 자신에게 가장 강조하고 싶은 단어가 '초심'이다. 사업에 대한 초심, 업무에 대한 초심, 태도에 대한 초심,

사람에 대한 초심, 시간이 더 가고 많은 힘든 경험들을 더 하겠지만, 그렇더라도 내가 처음 아이트럭을 계획했던 순수함, 열정, 책임감, 믿음, 이런 것들을 잃지 않기 위해 오늘도 나를 채찍질하며 애쓰고 있다. 사실 나도 내 초심을 잡기도 힘든데 누구에게 감히 초심을 잃지 말라고 이야기할 수 있을까. 이 글을 쓰고 있는 순간에도 나는 노력하고 있다. 이게 대표의 진정한 삶이고 무게이다.

"이심전심(以心傳心)"이라는 말이 있다. 한결같이 변하지 않는 참된 가르침이 말을 거치지 않고 마음에서 마음으로 전해진다는 뜻이다. 아이들은 엄마의 뒷모습을 보며 성장하고, 그 모습이 자연스럽게 마음속에 새겨진다. 마찬가지로, 아이트럭의 대표로서도 나는 운송업의 혁신이라는 목표를 향해 끝까지 포기하지 않고 달려갈 것이다.

잘 될 거라는 믿음과
안됐을 때의 마음가짐

창업하고 회사를 운영하다 보면, 일이 잘 풀리는 때보다 어려운 상황이나 안 되는 일이 더 많다고 느낄 때가 종종 있다. 새로운 시장을 혁신하고, 없던 체계를 만들고, 새로운 비즈니스 모델로 이익을 창출하기까지 생각지도 못했던 어려움에 마주하면서 좌절을 느낄 때도 많다. 처음 창업을 시작할 때는, 내가 가진 아이템이 너무 매력적이고 시장에서 무조건 상용되며 매출이 폭발적으로 성장할 것이라는 믿음으로 시작하게 된다. 그런데 운영을 하다 보면 내가 예측했던 대로 시장에서 반응을 안 할 때도 있고, 같은 방향을 보고 목표를 달성할 수 있을 것만 같던 파트너가 갑자기 뒤돌아서 버리고, 모든 계획을 다 짜고 나서 파트너십을 맺고 계약을 체결하기 직전, 한순간에 전부 수포가 되는 경험을 할 때도 종종 있을 것이다. 내가 원하는 걸 이루기 위해, 목표에 도달하기까지 많은 어려움과 작은 실패들을 하나씩 해결해 나가면서 회사는 성장해 나간다.

처음 아이트럭을 창업한 순간부터 지금까지 돌아보면, 매출이 순조롭게 상승했던 순간보다 수많은 어려움을 겪었던 기억이 훨씬 더 많았다. 처음 베타 론칭 이후, 사용자들 유입을 위해 전국을 발로 뛰며 회원가입을 시켰고, 외주로 개발했던 플랫폼을 내부로 갖고 들어와 안정화했으며, 작은 회사에 직원들을 영입하기 위해 회사에 대한 비전 스토리를 제시하고, 좋은 인재를 모집하기 위해 많은 세미나를 돌아다녔다. 이뿐만 아니라 투자를 받기 위해 100개 이상의 투자사와 접촉하여 회사 소개를 했으며, 매출을 올리기 위해 밤낮으로 기사님들과 소통하며 거래를 성사시키는 체계도 만들었다. 들어오는 돈에 비해 나가는 돈이 많다는 걸 알기 때문에 매일 시뮬레이션을 돌려보고, 어떻게 하면 매출을 더 올릴 수 있을지를 매일 고민하다 보니, 벌써 서비스를 오픈한 지 거의 3년이라는 시간이 지났다. 거래금액 650억 원을 달성했을 때 많은 투자사로부터 러브콜이 오고, 좋은 인재들도 점차 늘어났지만, 이 숫자를 만들어내기까지는 직원들의 노고와 어려움을 극복해 내는 끈기도 있었다.

KFC 창립자인 할랜드 샌더스 대령은 수많은 실패에도 포기하지 않고 끝까지 도전해 결국 성공을 이뤄냈다. 1890년 미국 인디애나주 헨리빌에서 태어난 샌더스는 6살 때 아버지를 여의었다. 장남이었기 때문에 동생들을 위해 요리를 시작했는데, 이 경험 덕분에 요리에 관심을 갖게 되었다.

한때 미국 전역을 여행하며 레스토랑 주인들에게 자신의 프라이드치킨 레시피를 소개하며 수많은 거절을 당한 경험이 있었다. 무려 1,000군데가 넘는 레스토랑에서 거절당했지만, 결국 한 곳에서 레시피를 받아들여 시도해 보았다. 그리고 그것이 오늘날 KFC의 출발점이 되었다.

자기 제품의 품질과 비전에 대한 확신, 그리고 끊임없는 노력 덕분에 KFC는 오늘날 전 세계적인 브랜드로 성장할 수 있었다. 1,000번 이상 거절을 당해도 포기하지 않는 끈기의 힘으로 성공을 이룬 것이다.

실패를 발판 삼아 성공으로 나아간 대표적인 인물이 바로 토마스 에디슨이다. 수많은 시행착오를 거치면서도 끊임없이 도전한 끝에 결국 혁신을 이루어냈다. 전구를 발명하는 과정에서 "나는 실패한 것이 아니다. 단지 10,000개의 잘못된 방법을 발견했을 뿐이다"라고 말했듯이, 에디슨은 호기심과 회복력을 가진 태도를 유지했다. 모든 좌절을 실패가 아닌 학습 기회로 보았고, 결국 성공을 이루며 세상을 혁신할 수 있었다.

이 두 사례에서 공통으로 볼 수 있는 것은 일이 잘 풀리지 않을 때 자신을 탓하지 않고, 포기하지 않으며, 그 과정을 배우는 기회로 삼는 태도와 마음가짐이다. 자신의 목표에 대한 믿음을 잃지 않고 일이 잘 안 풀렸을 때도 초심을 잃지 않는 마음가짐이 세상의 혁신을 이룰 수 있다.

누가 나에게 인재를 보고 직원을 뽑을 때 가장 중요하게 보는 요소가 뭐냐고 물어본다면 나는 "포기하지 않고 어려움을 극복해 내는 능력, 무조건 잘 될 거라는 긍정적인 생각"이라고 대답한다.

대개 회사는 돈이 없어서 망하는 게 아니다. 내가 포기하는 순간 회사는 폐업의 길로 가는 것이다. 사업을 하기 위해서는 멘탈 관리가 중요하다. 잘 될 거라는 믿음을 가지고, 내가 원하는 바를 이룰 때까지 포기하지 않고 달려가야 한다.

Chapter
5

(HOW TO)
BE YOURSELF
: 인생의 주인공으로
사는 법

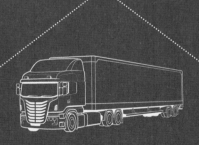

재능과 돈을
사회로 흘려보내라

우리나라 교육을 보면, "무조건 어릴 때부터 달려서 성적을 잘 받아야 한다. 국어, 영어, 수학을 잘해야 한다"라는 식의 방침이 강하게 자리 잡고 있다. 그 최종 목표는 명문 대학 입학이다. "명문 대학에 가면 그다음은?"이라고 물으면, 결국 대치동 학원의 도움을 받아 이른바 SKY 대학에 입학하는 것이 한국 교육의 현실처럼 보인다. 하지만 정말 중요한 건, 내가 이 사회의 일원으로서 어떤 이바지를 할 수 있는가, 대한민국 국적을 가진 한국인으로서 글로벌 사회에서 어떻게 활동할 수 있는가, 이 세상에서 나의 가치를 어떻게 발휘할 수 있는가에 대한 교육이 '진정한 교육'이지 않을까 싶다. 그러기 위해서는 무엇보다도 공부에 앞서 기본적인 인성이 먼저 갖춰져야 한다. 남을 배려하는지, 옳고 그름을 이해하는지, 내가 하는 선택에 대한 책임을 질 수 있는지 등 인성교육이 우선시

되어야 한다. 그 위에 내가 좋아하고 잘할 수 있는 스킬을 개발해서 사회의 일원으로 세상을 혁신한다는 마음을 가질 수 있다.

　나도 아이트럭을 처음 창업할 때 많은 고민이 되었다. 내가 아들 둘에 아버지 회사의 관리를 하고 있는데 일을 벌이는 게 맞을까? 내가 지금 가진 것을 유지하기도 힘든데 과연 새로운 걸 시작해서 돈을 더 벌면 내 인생이 행복할까? 어떻게 보면 현 상태를 유지하며 편안하게 지낼 수도 있지 않을까? 그런 고민을 하던 중, 우연히 한 기사님을 도와드린 일이 계기가 되어 마음이 움직였다. 내가 가진 능력과 재능을 활용해 불공정 거래를 막고, 단 한 명이라도 사기 위험으로부터 보호할 수 있다면, 내 인생은 더욱 풍요로워지고 한층 더 의미 있는 길로 나아갈 수 있지 않을까 하는 생각이 들었다.

　나는 전화 한 번이면 해결할 수 있는 일을 기사님들은 여러 군데 알음알음 알아보면서 일을 진행하고 계셨고, 힘든 운전에도 자식들과 가족들을 생각하며 더위에도 추위에도 밤잠을 설치며 최선을 다해 일하고 계셨다. 우리 부모님은 내가 어릴 때부터 무슨 일을 하든 어차피 해야 한다면 즐겁게 하라고 강조하셨고, 대한민국의 한 사람으로 애국심을 갖고 '나'보다는 '우리'를 강조하셨다. 나의 재능이, 그리고 내가 할 수 있는 일로 인해서 불공정 거래가 줄어들어 기사님들의 피해가 감소하고, 운수업에 혁신을 일으킨다면, 그리고 더 나아가 우리 사회를 더 나아지게 하는 데에 이바지할 수 있다면, 내 인생은 훨씬 더 풍부하고 의미 있다고 믿는다.

아이트럭을 운영하면서 소중한 인연들이 새롭게 맺어지고, 서로에게 힘이 되는 관계들이 쌓일 때마다 창업을 잘했다는 확신이 든다. 이 귀한 인연들에 깊이 감사하며, 이러한 네트워크가 시너지를 이루어 함께 사회에 긍정적인 영향을 미칠 수 있다는 점이 더욱 뜻깊다.

이제는 AI 시대이다. 사람이 했던 많은 부분을 AI가 대체할 수 있는 세상이 왔다. 디자이너가 하루 족히 걸렸던 이미지를 1분 만에 뽑을 수 있고, 개발자가 며칠 밤을 새워 해야 했던 코딩을 1시간 만에 만들 수 있다. 앞으로 10년 후를 바라보면 단순 반복적인 일들은 로봇이 대체할 것이고, 인간은 더 가치 있는 일에 집중해야 한다고 본다. 정말 많은 정보 속에서 어떤 정보가 진짜인지 판단하기 위해 옳고 그름에 대한 기준들이 중요해질 것이고, 논리적으로 생각하는 힘이 있어야 살아남을 수 있는 세상이 온다고 보고 있다. 내가 지닌 재능들을 보여주지 않으면 살아남기 힘든 세상이다.

최근 한국은 세계에서 가장 낮은 출산율을 경험하고 있다. 급속도로 고령화가 되고 있고 2025년에는 65세 이상 인구가 전체의 20% 이상인 초고령 사회로 진입할 것이 예상된다. 20년 후에는 우리나라 전체 인구의 1/3 이상이 65세 이상 노인이 되는 것으로 집계되고 있기 때문에 노동력 감소는 피할 수 없는 현실이다. 이런 상황에서 스스로 사고하는 힘이 없다면, 앞으로의 경쟁력을 갖추기 어려워 보인다. 지금보다도 훨씬 더 고도화된 스킬들이 요구될 것이며, 사회에 이바지하는 1인으로서 자리 잡지 못하면 AI에 대체되는 인재밖에 될 수 없을 것이다.

나의 경험상 본인의 재능을 사회에서 발휘하는 것은 인생에서 의미를 창출하는 가장 성취감 있고 영향력 있는 방법의 하나라고 생각한다. 사회적 문제점을 해결하기 위해 본인의 고유한 기술을 사용하면서 개인의 성공을 넘어서 가치를 창출하는 데 도움이 된다.

앞으로 내가 예상하는 시대는 AI기술의 도입과 더불어 격차가 더 많이 벌어질 수 있다고 본다. 앞으로는 노블리스 오블리제 정신이 더욱더 강조되어야 하고 필요한 시대이다.

나도 아이트럭을 창업할 때 두 가지 마음을 갖고 있었다.

첫 번째로는, 중고트럭 시장을 투명화하고 업계를 더 발전시키자는 것과 두 번째로는, 건강하고 정직하게 돈을 벌어서 사회에 대한 의무와 도덕적 책임을 지고 어려운 이들과 나눔의 가치를 실천하자는 의미였다. 지금 우리 시대에서 다시금 특권은 의무를 수반한다는 개념으로 더 많은 재능과 돈을 세상에 흘려보내야 한다고 생각한다. 서양 부자들 가운데 워런 버핏이나 빌 게이츠 등을 보면, 이런 대단한 부자들의 기부에는 선의도 있지만, 사회에 대한 도덕적 책임을 다하면서 본인의 가치를 지켜내는 부분도 있다고 한다. 두 사람 모두 노블리스 오블리제를 실천하며, 자산과 영향력을 사회에 이바지하고, 위대한 권력과 부는 큰 책임을 동반해야 한다는 믿음을 보여주고 있다.

엄마의 뒷모습으로
아이를 키워라

"워킹맘 애들은 항상 결핍이 보여요."

"엄마가 옆에서 끼고 아이들을 교육하는 것과 그렇지 않은 것은 확실히 정서적으로 달라 보여요."

사실 틀린 말이라고 부정할 수 없다. 현실적으로 일을 하면서 육아를 하기란 여간 힘든 일이 아니다. 우리 첫째와 둘째가 유치원에 다니던 시절, 간식을 챙겨줘야 하는데 깜빡한 날도 있었고, 평일에는 집에 들어와서 아이들과 제대로 대화 한마디 나누지 못한 채 잠든 모습을 바라보는 일이 다반사였다. 새근새근 자고 있는 아이들을 보면 안쓰럽고 딱하기도 했다. 그런데도 최선을 다해주고 싶은 것이 부모의 마음이다. 집에 있는 엄마든 밖에서 일하는 엄마든 항상 자식에게 못 해준 것만 생각나고, 어떻게 하면 더 잘해줄 수 있을지 고민하고, 못 해준 것을 생각하면서 눈물이 나는 게 부모의 마음이다.

나는 내가 모범적으로 행동하고 바른 가치관을 지니고 있으면, 그리고 그 철학들을 우리 아이들에게 물려줄 수 있으면, 비록 내가 밖에서 일하는 워킹맘일지라도 아이들은 사랑 속에서 훌륭하게 자랄 것이라는 확신과 믿음이 있다.

"선생님, 오늘은 특별한 날이에요. 오늘 엄마가 저 직접 데리러 와주신대요!"

오랜만에 회사에서 일찍 퇴근하고, 첫째 아들 태권도장에 직접 방문해서 픽업하겠다고 선생님께 연락을 드렸다. 매일 셔틀만 타고 다니던 아이에게, 엄마가 직접 픽업을 온다는 소식은 특별함과 감사함으로 다가왔다. 조금 일찍 도착해서 창문으로 우리 아이 모습을 관찰하니 상기된 얼굴로 나를 기다리고 있는 듯했다. 선생님께 흥분 상태로 특별한 날이라고 자랑하는 아이의 모습을 보고 있자니, 문득 다른 아이들에게는 당연한 일이 우리 아이에게는 큰 즐거움과 감사함을 느끼게 해주는 소중한 순간이 될 수도 있겠구나 하는 생각이 들었다. 그런 첫째 아들의 모습이 너무나 사랑스러웠다.

우리 둘째도 아주 가끔 내가 유치원에 등원을 시켜줄 때면 "선생님, 저 오늘 엄마랑 왔어요! 얘들아, 우리 엄마야."라고 하면서 으쓱대는 모습을 보니, 그저 평범한 일상 속에서 감사함을 느끼며 자라고 있다는 사실이 참 소중하게 다가온다. 다른 관점에서 보면 '너무 안 됐다, 안쓰럽다'라고 볼 수 있겠지만, 나는 이런 부분들조차도 아이들에게 긍정적인 마인드를 가질 수 있는 계기가 된다고 본다.

"엄마 걱정하지 마세요. 저, 잘 다녀올게요."

우리 아이들은 어쩔 수 없이 독립심이 있어야만 했다. 첫째 아들이 초등학교에 입학해서 처음으로 학교에 가는 날, 본인이 혼자 다 할 수 있다고 자부하면서 독립심을 보일 때도, 나는 이런 작은 순간들이 교육에 긍정적인 영향을 미칠 수 있다는 생각을 했다. 아이들과 시간을 보낼 때는, 항상 대화를 많이 하려고 노력했고, 꼭 특별한 곳에 가지 않아도 즐겁게 보내려고 노력했다.

아이들 교육을 할 때 저학년 학생들에게 현실적으로 "공부해라, 숙제해라"라는 말을 안 하고 주도적으로 하게끔 만드는 건 어려운 일이라는 생각이 든다. (아마 공부에 타고났거나, 정말 특별하게 공부를 좋아하는 친구들을 제외하고선) 단, 내가 아이들과 소통할 때 중요하게 생각하는 건, 공부를 기본적으로 잘하는 것도 중요하겠지만, 사회성이 잘 발달하고 있는지, 본인의 의사 표현을 적절히 할 수 있는지, 옳고 그름을 판단하는 기준, 생각하는 힘이 있는지, 남에 대한 배려는 지니고 있는지 등이다. 이를 기반으로 학교생활 전반에 관해 이야기하면서 끊임없이 소통한다.

초등학교 저학년 때 필요한 건 무언가를 열심히 하고 나서의 성취감, 그리고 사회성 발달이라는 생각이 든다. 아무리 외우는 공부를 잘하고 좋은 대학에 가더라도, 판단력이 부족하거나 지혜롭지 못하면 사회에서는 한계점이 보일 수 있다. 나는 우리 아이들이 공부뿐만 아니라, 음악, 체육도 한 가지를 잡으면 끈기 있게 다방면으로 확장해 나갈 수 있는 어린이가 되길 바란다. 더 나아가 대한민국의 한 국민으로서 내가 어떻게 사회에 이바지할 수 있는지, 글로벌 시장에서 한국을 대표하는 한 사람으로서 어떻게 활동할 수 있을지에 대해 깊이 고민하며 성장하길 바란다.

아이들은 부모의 거울이라고 한다. 부모가 하루에 24시간 아이 옆에 있느냐가 중요하기보단, 부모가 생각하는 철학, 부모가 가르쳐주는 옳고 그름, 부모가 모범적으로 성실히 사는 모습을 보면서 아이들도 자연스럽게 따라오리라 믿는다.

나도 어릴 때를 생각해 보면 어머니는 항상 집에 계셨지만, 아버지는 주중에는 항상 저녁 늦게 집에 오셨고, 주말에도 회사에 나가시는 일이 많았다. 심지어 14살 때 캐나다로 유학을 떠나고 나서는 아버지와 떨어져서 지낸 시간이 길었고, 대학교를 들어가고 나서는 혼자서 지냈기 때문에 한국에 있는 학생들과 비교하면 부모님과 지낸 시간이 절대적으로 적었다. 하지만 지금 내가 사는 모습을 보면, 부모님의 철학을 그대로 물려받고 있다. 그리고 부모님의 근검절약과 성실한 모습을 존경하면서 문제가 있을 땐, '우리 어머니라면, 아버지라면 어떻게 행동하셨을까'를 고민하면서 앞으로 나아가고 있다.

나도 사람이기 때문에 워킹맘으로서 우리 아이들이 더 많은 돌봄이 필요한 게 아닌가 걱정스러울 때도 있고, 집에 들어가서 자는 모습을 보면 안쓰러울 때도 있다. 하지만 내가 확신하는 건 나와

남편의 철학이 바르고, 옳고 그름을 가르치면서 지혜롭게 우리들의 방향이 아이들에게 제시된다면, 훌륭한 인재로, 사회에 이바지하는 인재로 자랄 수 있다고 믿고 있다.

AI 시대는
미래가 아니고 현실이다

세상은 격변을 겪고 있으며, 그 변화의 중심에는 인공지능(AI)이 있다. AI는 더 이상 미래의 개념이 아니며, 지금 이 시대에 우리는 AI와 함께 살아가고 있다. AI 기반 건강 모니터링이나, 챗봇(식당 예약 등), 로봇 주방 보조 기기, 물류 재고 관리 등 많은 분야에서 과거에는 인간의 전문 지식, 수작업 프로세스, 직관에 의존했던 부분들에서 오늘날 AI가 의사결정을 내리고, 제품이나 서비스까지 제공하고 있다.

AI에 대한 일반적인 두려움인 인간의 일자리를 대체할 것이라는 전망은 이미 미래가 아니고 현실이며, 앞으로 사회는 AI를 쓸 수 있는 사람과 없는 사람으로 분류된다는 말이 무색하게 기업들은 AI를 활용해 산업을 혁신하고 변화를 주도하고 있다.

아이트럭 플랫폼에서도 트럭을 더 정확하고 효율적으로 거래하기 위해 AI로 트럭 시세 분석을 하고 있다. 현재 중고 트럭시장에서는 정보가 투명하게 공개되어 있지 않기 때문에 "부르는 게 값"인 시장이 형성되어 있다. 따라서 기사님들 입장에서는 전 재산을 걸고 트럭을 구매하는데, 제값보다 훨씬 비싼 가격에 구매했음에도 불구하고 차량 상태가 좋지 않아 불상사가 발생하는 일이 종종 생기게 된다. 중고트럭 시장을 개선하기 위해서는 트럭 시세를 주도해 나가는 게 필수적이다. 따라서 아이트럭을 창업할 때 트럭에 대한 데이터를 수집·분석하기 시작했고, 정말 시장에서 거래되는 적절한 가격이 얼마인지에 대한 분석을 통해 우리의 전문성으로 알고리즘을 만들었다. 현재 아이트럭 사이트, 앱에서는 차량에 대한 정확한 정보와 적정 가격까지도 투명하게 명시하고 있다. 현재 대한민국에서는 트럭 시세에 대한 데이터를 확보한 곳은 아이트럭뿐이기 때문에 캐피탈사나 다른 업체에서도 데이터 관련 문의들이 들어오고 있으며, 이 부분에 대해 새로운 비즈니스 모델을 확장하여 서비스를 제공하고 있다. 앞으로는 트럭 시세 고도화를 위해 수출가격, 폐차가격 등 관련된 이 산업의 트럭 시세를 더 분석하고 고객들의 맞춤형 추천차량까지도 개발을 예정하고 있다.

AI가 도입되면서 기업들은 산업을 더 혁신적으로 변화시키고 있다. 세계 최대의 전자상거래 플랫폼 중 하나인 아마존은 고객층을 대상으로 개인화된 쇼핑 경험을 제공하고, 빠른 배송을 보장할 필요가 있다. 고객이 상품을 고를 때 고객의 탐색이나 구매 이력을 분석하여 맞춤형 제품 추천을 해주면서 고객의 만족도와 매출을 올린다. 또한, AI 기반 로봇을 사용하여 제품을 분류·이동시키며, 재고 관리를 최적화함으로써 배송시간을 단축하고 있다. 배송을 할 때도 수요 예측 및 배송경로 최적화를 통해 물류 효율성까지 개선한다. 결국, 아마존은 AI를 통해 고객 만족도를 향상하고 운영 비용을 절감하면서 전자상거래 분야에서 경쟁 우위를 유지하고 있다.

전기차(EV)의 선두주자인 테슬라 같은 경우도 치열한 자동차 시장에서 차별화를 이루기 위해 자율주행 기술 발전을 기업의 주력 분야로 삼았다. 테슬라는 자율주행 기술을 지원하는 AI를 사용하여 운전자가 개입하지 않고도 주행을 할 수 있도록 실시간 주행 데이터를 지속해서 학습시키고 있다. 스트리밍 시장에서의 스포티파이는 방대한 콘텐츠 라이브러리를 관리하면서 사용자 경험을 향상시켰다. 사용자의 청취 이력을 분석하여 맞춤형 곡, 플레이리스트 및 아티스트 추천을 제공하고 있다. 스포티파이는 AI를 통해 개인화된 음악 경험을 제공함으로써 사용자 유지율과 참여도를 크게 높였으며, 전 세계에서 가장 인기 있는 음악 스트리밍 플랫폼으로 자리 잡게 만든 중요한 요소이다.

이런 기업들 사례에서 우리가 알 수 있는 건, AI의 도입으로 게임의 규칙을 바꾸는 방식까지도 달라졌다는 점이다. 이제는 기업에도 AI란 고객 만족도를 올리기 위한 옵션이 아니라 필수로 자리 잡았다.

현재 이렇게 격변하는 시장에서 비즈니스를 유지하고 기업을 이끌어 나간다는 건 비즈니스 판을 바꾸어야 한다는 뜻이기도 하다. AI 기술의 도입으로 고객이 지닌 기대치는 더 높아졌고, 예전 방식으로 비즈니스를 운영하고 지켜내기에는 경쟁자들이 속출하고 있다. 비즈니스의 리더로서 AI 시대에 정체하거나 적응하지 못하는 기업은 뒤처질 수밖에 없다. 반면 AI를 받아들이고 창의적으로 활용하는 기업들은 무한한 가능성을 가지고 이미 성장하고 있다. AI는 비즈니스 혁신을 위한 새로운 경쟁력이 아니라 필수적인 도구이며, 고객들의 만족도를 높이기 위해 끊임없이 고민하고 확장해 나가야 할 영역이다.

배워라. 오늘 공부하는 건 내일 써먹을 수 있다!

　　무언가에 대해서 궁금해하는 건 좋은 습관이다. 나는 어릴 때부터 궁금한 것도 많고 호기심도 참 많았다. 지금 생각해보면 어릴 때부터 부모님이 캠프도 많이 보내주시고, 새로운 환경에서 공부할 수 있도록 주말마다 많은 것들을 보고 느끼도록 조건을 만들어 주신 몫도 크다고 생각한다. 학교에 다닐 때도 많은 동아리 활동을 했었고, 회사원이 되어서도 주말에는 항상 취미 부자였다. 일본에 있을 때는 국제 이미지 컨설팅 자격증을 취득하고, 주말마다 대학교 교수님이 소개해 주신 회사에서 정치인들과 외국인들을 대상으로 컨설팅 업무를 취미로 진행했었다. 한국에 돌아와서는 갑자기 베이킹에 빠져들어 회사에 다니면서 주말마다 쉐프 학교도 다녔었다 취미였지만 궁금한 게 있으면 항상 책을 사거나 강의를 들으러 다니면서 내가 알 때까지 파고드는 성향이었기 때문에 자격

증도 취득하고 쉐프 학교까지 가면서 배움을 갈망했다.

AI를 다룰 수 있는 사람이 되어야 하는 세상에서 많은 것들이 바뀌지만, 바뀌지 않는 것에 대해서도 우리는 배워야 한다. 기술이 진화하면서 사용방법을 공부하지만, 사실 중요한 건 제대로 핵심을 파악하고, 그에 맞는 질문을 할 줄 아는 것이 관건이다. 핵심을 파악해서 질문을 잘하려면 평소에 호기심도 많아야 하고, 그로 인해 많이 배워야 한다.

아이트럭을 창업을 할 때도 모든 건 호기심에서 시작되었다. 왜 중고트럭 시장에는 시세가 없지? 왜 불공정 거래가 많지? 왜 아무도 투명한 거래를 하고 있지 않지? 이런 궁금증에서부터 사업모델이 탄생했다. 운수업에 대한 열정과 배움에서 시작이 되었다. 금융업에 종사하던 내가 운수업에 들어와서 몸으로 하나씩 배우고 느끼면서 할아버지 때부터 했던 가업이지만 처음으로 아버지가 어떤 일을 해오셨는지, 어떤 회사를 운영하고 계시는지 공부했다. 다들 운수 회사 관련 사업을 하는 집안의 딸이라 어릴 때부터 많은 경험이 있었을 거라고 생각하지만, 나는 모든 것을 맨땅에서 시작했다. 온라인에 검색해도 나오지 않은 부분들이 많고, 서적도 부족한 산업이었기 때문에 현장을 돌면서 일을 배웠다. 모르는 게 있으면 아는 사람이 누가 있는지 조사하고 소개받고, 직접 찾아다니면서 계속 물어보고 다녔다. 배우는 것도 실력이다. 배움이라는 건 누가 옆에서 다 가르쳐주는 게 아니라, 내가 모르는 부분을 찾아서 리소스를 활용해서 이해할 때까지 파고드는 것이다. 공부하면서 어떤 질문들을 해야 하는지, 누구한테 질문해야 하는지를 두고 내가 정확하게 습득이 될 때까지, 그리고 현재 프로세스를 바꿀 수 있을 정도로 응용을 할 수 있을 때까지 파고들었다. 그렇게 한 달, 두 달, 일 년 시간이 가다 보니 이 시장의 문제점들이 확연히 눈에 보였고, 어떻게 개선하면 좋을지까지도 보이기 시작했다.

나는 지금까지도 운수업 안에서 주선업, 창고업 등 확장 가능한 모든 것이 궁금하다. 현장의 목소리를 듣고 이 산업에 대해서 끊임 없이 배우면서 작은 퍼즐들이 맞추어지며 더 큰 그림이 보이고, 새로운 아이템들이 머릿속에 계속 떠오른다.

2007년 드류 휴스턴과 아라쉬 페르도위가 설립한 드롭박스 (Dropbox)는 여러 장치에 파일을 저장하고, 접근하여, 공유할 수 있도록 돕는 클라우드 저장소 및 협업회사다. 드롭박스는 간단한 MVP (최소한의 실행 가능한 제품) 접근 방식을 활용하여 학습하고 실행했던 린 스타트업 방법론으로 성공한 대표기업이다. 드롭박스의 창립자 드류 휴스턴은 여러 기기에서 파일을 동기화하는 데 어려움이 많다는 점을 발견했다. 기존 솔루션들은 복잡하거나 신뢰성이 낮았으며 사용자가 지속해서 개입해야 하는 경우가 많았다. 사용자들은 모든 기기에서 자동으로 파일을 동기화할 수 있는 간편하고 사용하기 쉬운 클라우드 저장소에 가치를 느낄 거라는 가설을 세운 뒤, 제품을 완전히 개발하는 대신, 휴스턴은 드롭박스의 핵심 기능을 보여주는 데모 영상을 제작했다. 제품에 관한 관심을 검증하고 사용자들의 니즈를 테스트하기 위함이었다. 드롭박스는

MVP로만 (제품이 완전히 개발되지 않았음에도 불구하고) 75,000명의 가입자를 확보했다. 휴스턴은 창업 여정에서의 배우려는 의지와 누구에게 물어보고 어떻게 배워야 하는지에 대한 실력으로 사업을 성공시킬 수 있었다. 휴스턴의 지속적인 배움은 단순함, 집중, 반복, 그리고 사용자 의견에 귀 기울이는 원칙을 중심으로 린 (LEAN) 스타트업의 대표적인 사례를 보여준다. 호기심을 가지고 시장의 문제점을 타파하고, 꾸준한 배움을 통해 솔루션을 내놓은 스타트업은 고객을 만족시키는 확률을 높이기 때문에 성공률이 높을 수밖에 없다.

지금의 내가 되기까지 인생에서 나를 도와주고, 나를 발전하게끔 했던 동기는 호기심과 그 호기심을 답하기 위한 꾸준한 배움이라 말할 수 있겠다. 내가 투자은행을 다닐 때도, 그리고 운수업에 처음 뛰어들었을 때도, 그리고 아이트럭을 창업하고 있는 지금도, 나를 성장시키고 회사를 성장시키고 지켜주는 건 배우려고 하는 의지다. 옛 어른들 말에 "배워서 남 주냐"라는 말이 있듯이, 내가 지금 배우는 이 모든 건 나의 '피가 되고 살이 되어' 언젠가 내가 무엇을 결정하거나, 필요한 순간에 적극적으로 발휘될 거라고 믿는다. 투자은행에 신입으로 입사해서 처음 복사 및 스캔 업무를 맡았을 때도 나는 단 한 번도 그 업무가 가치가 없다거나 귀찮다고 생각을 해본 적이 없다. 정말 긍정적인 마인드로 스캔이라는 업무를 왜 매뉴얼대로 해야 하는지, 어떻게 효율적으로 프로세스를 바꿀 수 있는지에 대해 고민하고 실천해서 회사의 전 세계 지점의 프로세스를 바꾸고 상을 받은 적도 있다.

마지막으로 내가 좋아하는 인용구를 하나 공유하고 싶다

"what you learn today, you can use tomorrow."

'존심재', 마음이 존재하는 서가

　어릴 때 아버지의 꿈은 성공을 해서 여유가 생기면 개인 서가와 영화관을 짓는 것이었다. 어릴 때부터 책 보는 걸 너무 좋아하셔서 잠도 안 자고 책을 읽으니 할머니께서 방에 불은 다 꺼버리셨다고 한다. 그래서 몰래 이불 속에 작은 불을 켜두고 책을 읽다가 불이 났던 사건도 있었다. 이렇듯, 아버지는 어릴 때부터 책을 사랑하셨다. 지금까지도 항상 책을 읽으시고, 책의 내용을 공책에 메모하신다. 평생 책 읽기를 가장 기쁨으로 여기며 살아오셨다. 그래서인지 나는 항상 주변에 책이 가득한 환경에서 자랐고, 책이 내 곁에 있으면 꼭 다 읽지 못하더라도 마음이 편안해지고 안정감을 느낀다.

　아버지가 60세가 되던 해에, 어릴 적 꿈을 실현하고 싶다고 하셨고, 강원도에 서가와 영화관을 짓고 완성하셨다. 서가에 가면 역사, 미술, 음악, 경제, 만화 등 각 섹션으로 구분되어 있고, 내가 어릴 적 봤던 책들이나, 내가 정말 좋아했던 과목의 교과서들도 버리지 않고 꽂혀 있다. 영화관에 가면 우리나라에 나온 모든 DVD를 수집해 둔 공간이 있고, 미국 영화, 한국 영화, 일본 영화 등이 섹션에 맞게 구분되어 있다. 그 집에 갈 때마다 나는 서가를 둘러보며 내가 왜 가업을 잇고 창업을 결심했는지를 마음에 새기며, 아버지의 뒷모습을 보고, 또 두 아이의 엄마가 되어서 초심을 붙잡는다. 그리고 그 서가의 이름, 즉 당호(堂號)가 바로 '존심재(存心齋)'이다.

원래 '존심(存心)'이라는 단어는 유교 철학과 문화에 깊이 뿌리를 둔 용어로, 일반적으로 자기 수양과 성찰의 원리를 반영한다. 《맹자(孟子)》〈진심장구 상(盡心章句上)〉편 제1장에는 "그 마음(心)을 다하는 자는 그 본성(性)을 알 수 있으니, 그 본성을 알면 하늘(天)을 알 수 있게 된다. 그 마음을 보존하여 그 본성을 기르는 것은 하늘을 섬기는 것이요, 요절하거나 장수함에 의심을 품지 않고 몸을 수양하여 천명을 기다리는 것은 명을 세우는 것이다. (孟子曰 盡其心者, 知其性也, 知其性, 則知天矣. 存其心, 養其性, 所以事天也. ☒壽, 不貳, 修身以俟之, 所以立命也.)"라는 문장이 있다. 여기에서 유래한 단어가 '존심양성(存心養性)'이다.

한자어로 '存(존)'은 '존재하다' 또는 '보존하다'를 의미한다. 무언가를 온전하게 유지한다는 생각을 반영하여, 보통 개인의 도덕성, 성실성이나 의도를 나타낼 수 있다. '心(심)'은 '마음'을 의미한다.

감정, 생각, 태도, 그리고 사람의 존재나 의도의 핵심을 나타낸다. '齋(재)'는 자기 수양과 학습, 집, 공간, 또는 학문을 닦는 서재나 장소를 의미한다. 따라서 '존심재'는 '마음이나 뜻을 간직하는 곳' 또는 '올바른 마음을 유지하며 학문을 닦는 공간'이라고 해석될 수 있다.

아버지의 가르침을 물려받았기에, 이 '존심재'란 당호에는 나의 철학들도 고스란히 담겨 있다. 내가 생각하는 '존심'이란 어떤 상황이 오든 옳고 그름을 판단할 수 있고, 정직하며, 행복은 내 마음가짐과 태도에 달린 것이라고, 능력이라는 건 머리가 좋은 수재가 아니라 포기하지 않고 넘어져도 다시 일어나서 노력하는 것으로 생각하는 마음이다. '힘들다, 불가능하다'보다는 어떻게 하면, 어떤 방법으로 가능하게 만들 수 있는지에 대해 긍정적으로 생각하고, 기본을 지키는 것이다. 예를 들어, 예의범절을 잘 지키는지, 감사함을 느끼고 표현할 수 있는지를 항상 생각하는 것 역시 '존심'의 하나이다.

사업을 처음 시작할 때, 아버지는 나에게 많은 실패의 경험을 할 것이라고 마음의 준비를 시켜주셨던 것 같다. 아버지께서도 지금으로 치면 서울에 큰 빌딩을 살 수 있을 만큼의 돈을 친한 친구에게 배신당해 큰 충격을 받으셨던 시절이 있었다. 몇 달간은 잠도 제대로 못 주무시고, 갑자기 쓰러지시는 날도 있었지만, 그 모든 고난의 시간을 이겨내시고 2년 만에 잃은 돈을 만회하고 회사를 다시 정상 궤도로 올려놓으셨다. 업무가 어려워서라기보다는,

사업은 '인간과의 싸움,' 그리고 '본인과의 싸움'이라고 하셨다. 사업을 잘하려면 사람 관계, 그리고 직원들 관리가 가장 중요하다는 말씀을 많이 하셨다. 나 자신을 아는 것도 중요하지만, 인간관계에 있어서 어떻게 대응하고, 내 편을 만들어야 하는지에 대한 부분도 중요하다고 하셨다. 그리고 앞서 언급한 로버트 그린의 《인간 본성의 법칙》이라는 책을 추천해 주셨다.

사업을 하다 보면 뒤통수 맞는 일이 종종 있다. 아무리 마음을 다해 사람을 대해도, 그에 대한 감사함보다는 배신감으로 다가오는 일도 있다. 또한, 대표로서 직원들에게 한쪽 눈을 감고 덕을 베풀어주어야 하는 때도 있다. 누가 내 사람이고, 누가 아닌지 판단하는 부분 또한 사람에 관한 공부이다. 회사에서 업무 진행이 안 되거나, 거래처에서 상식선에서 벗어난 행동을 할 때면 나는 항상 내 방에 들어와 이 책을 편다. 감정이 앞서서 말실수를 할 수도 있을 것 같은 때도 일단 이 책을 먼저 편다.

로버트 그린은 인간의 본성을 공부하는 학생으로서 우리가 해야 할 일은 두 가지라고 말한다.

첫째는 삶에 연극적 속성이 있다는 사실을 알고 그대로 인정해야 한다는 점(항상 내 앞에서 사람들이 정직을 말하지 않는다는 점)이다. 그러므로 누가 가면을 쓴다고 해서 도덕적 잣대를 들이대거나 격분해서는 안 된다는 점이다. 실제로 우리의 목표는 삶이라는 무대에서 내가 맡은 역할을 완벽한 기술로 연기를 해야 관심을 끌고, 주목받고, 공감 가는 주인공이 될 수 있다는 거다.

둘째는, 순진하게 사람들의 겉모습을 실제라고 착각해서는 안 된다는 점이다. 상대의 진짜 감정을 기막히게 잘 해독하는 사람으로 다시 태어나서 관찰력을 키우고 일상에서 최대한 많이 사용하라는 점이다.

사실, 이 두 가지는 내가 잘 못하는 부분들이었다. 항상 정직하게 내 모습을 보여주어야 한다고 생각했고(그게 도덕적이라고 생각했다), 사람을 잘 믿는 나로서는 이런 기술들을 습득해야 한다는 로버트 그린의 《인간 본성의 법칙》이라는 책은 나에게 새로운 세상이었다. 하지만 스타트업의 대표로서, 그리고 경영자로서, 현명하게 사람 관계를 이어나가고, 나의 감정을 조절하고 이성적으로 판단하기 위해서는 꼭 필요한 기술이란 생각이 든다.

작년에도 경제가 어려웠지만, 전문가들은 올해는 더 어려울 거라고 예측하고 있다. 통계청의 데이터를 보면 우리나라 역대 최대 자영업자 폐업률이 최고치라고 한다. 이런 어려운 시장에서 나는 트럭 업계의 게임체인저로서 트럭 산업을 혁신하겠다고 또 한 번 다짐한다. 이런 불황에 초심을 잃지 않기 위해 나는 존심재를 돌아본다. 답답할 때마다, 그리고 큰 벽을 만났을 때마다 아버지의 서가에 가서 책을 보면서 마음도 다잡고 위로도 받는다. 사업에 대한 새로운 아이디어도 얻고, 과거의 위기들을 선조들이 어떻게 헤쳐 나갔는지, 어려움 앞에 수장들은 어떤 대안을 갖고 살아냈는지에 대해 읽고 혜견(慧見)을 구한다.

조선왕조의 전설적인 문관이자 관리였던 박문수는 200년도 더

전의 인물이지만 그 당시 박문수는 세금의 부패를 파헤치기 위해 가난한 나그네로 변장하여 직접 정보를 캐고, 영리한 전략으로 부패한 관리들을 체포하고, 고통받는 농민들에게 도난당한 곡물을 재분배하였다. 이런 예전의 사건들을 접하면서 나도 문제들을 해결해야 할 때마다 예전 선조들의 혜안들을 찾아보고 고민하며 매일매일 치열하게 살아내고 있다. 존심재는 내 마음이 존재하는 나만의 공간에서, 나를 위로하며 초심을 잃지 않게 한다.

에필로그 ──────────────────○

초심을 잃지 않고, 트럭시장을 혁신할 때까지
포기하지 않고 최선을 다하기를…

여기까지 읽은 당신에게 이 글이 좋은 위로가 되었기를, 그리고 초심이 흔들리지 않게 도와주었기를, 또는 새로운 도전을 할 수 있게 용기를 주는 친구가 되었기를 간절히 바란다.

나는 사람이 절대 혼자 살 수 없다고 생각한다. 한 사람의 능력은 크지 않지만, 내가 덕(德)을 쌓고 살아가면 주변 사람들이 나를 도와준다. 진심과 선한 마음으로 사람들과 관계를 맺고, 나의 행동이 주변에 긍정적인 영향을 미친다면, 결국 그 선한 에너지가 나에게 돌아와 나를 도와주는 큰 힘이 될 것이다. 그러기 위해선 나 자신이 먼저 타인에게 베풀고 긍정적인 영향력을 주는 사람이어야 한다.

나는 창업을 하고많은 사람들을 만나면서 정말 아이트럭을 시작하길 잘했다는 생각을 자주 한다. 그동안 항상 비슷한 사람들만 만나왔던 내가 창업을 통해 폭넓게 새로운 사람들을 많이 만났기 때문이다. 그리고 그 과정에서 더 성숙한 내가 될 수 있었다. 이 책을 쓰는 지금도 창업의 과정에는 많은 고난이 있었지만, 뒤돌아보면 그 속에서도 따뜻하고 즐거웠던 추억들이 많이 남아 있다.

나는 사실 처음에는 아버지의 회사에 가벼운 마음으로 들어갔다. 그때만 해도 아버지께서 겪으신 수많은 고통과 외로움의 흔적을 알지 못했다. 그러나 시간이 지나며 그 모든 것을 보게 됨에 따라, 그리고 사업의 경험에 나이테를 더해감에 따라 철이 들었고, 또 회사에 대한 책임감도 크게 다가왔다.

힘든 순간마다 나는 이렇게 생각한다.
'아버지는 나보다 훨씬 더 많은 어려움을 겪으셨겠지. 이 정도는 아무것도 아니야.'
그런 마음으로 오늘도 나아간다. 시간이 흐를수록, 나를 이렇게 키워주시고 사랑으로 가르쳐 주신 부모님께 깊은 감사함을 느낀다. 부디, 건강하시고 오래도록 우리 곁에 계셔 주시길….

어릴 때부터 내 마음 한 켠에 항상 새겨 둔 말이 있다.
"최선이란 자신의 노력이 스스로를 감동시킬 때 비로소 쓸 수 있는 말이다."
내가 창업을 시작하고 4년을 버티고 이 사업을 이끌어오면서 내가 어떤 소명을 해 나가기로 했는지, 다시 한번 다짐한다. 내 마음이 존재하는 나만의 공간에서, 나는 초심을 잃지 않고, 아이트럭이 성공해 트럭시장의 혁신을 가져올 때까지 포기하지 않고 올바른 마음을 유지하며, 내가 스스로를 감동시킬 때까지 최선을 다할 것이다.

이 책을 읽은 당신이 인생을 살아가는 데 조금이라도 힘이 되고, '행복'이라는 단어에 대해 다시 한번 깊이 생각할 수 있는 기회가 되었으면 좋겠다. 나는 이 책을 통해, 삶에서 무엇이 중요한지, 그리고 우리가 진정 가슴으로 원하는 것이 무엇인지에 대해 스스로 되돌아보는 계기가 되기를 바란다. 우리가 나아가야 할 길은 불안하고 불확실할 때도 많지만, 그 과정 속에서 얻은 작은 기쁨들이 결국 큰 행복으로 이어지리라 믿는다. 삶의 길에서 중요한 것은 어떤 일이 일어나느냐보다, 그 일을 어떻게 받아들이고, 그것을 어떻게 변화시킬 수 있는지에 대한 나의 올바른 태도이다. 당신도 자신만의 행복을 찾고, 그 길을 걸어가길 진심으로 응원한다. 책을 쓰는 동안 나 자신도 많이 성장할 수 있었다. 이제는 나의 이야기가 여러분과 연결될 수 있다는 것이 큰 의미로 다가온다. 여러분도 자신만의 이야기를 써 내려가고, 도전하며 성장하는 삶을 살기를 진심으로 응원한다.

이 책을 빌려 나에게 늘 웃음과 삶을 더 풍요롭게 해주는 나의 사람들에게 고맙다는 말을 전하고 싶다. 나는 원래 감정적인 표현을 잘 하지 못하는 사람이라 칭찬에도 인색하고 표현도 잘 못하지만, 이 자리를 빌려 아이트럭에 매일 출근해서 고군분투하는 우리 직원들에게, 그리고 우리의 고객들과, 거래처에도 우리의 존재의 이유를 주어 감사하다고 말하고 싶다.

마지막으로 사랑하는 나의 가족, 언제나 나를 믿고 지지해 주는 가족 덕분에 이 길을 걸어올 수 있었다. 힘들고 지칠 때마다 그들의 따뜻한 응원과 사랑이 나를 일으켜 세웠고, 그 덕분에 오늘도 계속해서 도전할 수 있는 용기를 얻는다. 나의 부족함을 채워주고, 사랑으로 감싸 주는 가족에게 진심으로 감사한 마음을 전하고 싶다. 그들이 있기에 나는 더 나은 사람이 되고, 더 많은 것을 이뤄낼 수 있다는 것을 매일 느낀다. 사랑이 무엇인지, 진정한 의미의 사랑을 알게 해준 가족에게 고맙고, 항상 사랑한다고 전하고 싶다.

정혜인